우리 아이 자존감,
키즈스피치가
답이다

우리 아이 자존감,
키즈스피치가 답이다

초판 1쇄 발행 2017년 1월 13일

지은이 이주아
펴낸이 장길수
펴낸곳 지식과감성#
출판등록 제2012-000081호

디자인 이현
편집 이다래, 최예슬
교정 나은비
마케팅 고은빛

주소 서울시 금천구 가산동 60-5 갑을그레이트밸리 B동 507호
전화 070-4651-3730~4
팩스 070-4325-7006
이메일 ksbookup@naver.com
홈페이지 www.knsbookup.com

ISBN 979-11-5961-448-4(03190)
값 13,500원

ⓒ 이주아 2017 Printed in Korea

잘못된 책은 구입하신 곳에서 바꾸어 드립니다.
이 책의 전부 또는 일부 내용을 재사용하려면 사전에 저작권자와 펴낸곳의 동의를 받아야 합니다.

이 도서의 국립중앙도서관 출판예정도서목록(CIP)은 서지정보유통지원시스템
홈페이지(http://seoji.nl.go.kr)와 국가자료공동목록시스템(http://www.nl.go.kr/kolisnet)에서
이용하실 수 있습니다. (CIP제어번호 : CIP2017000586)

홈페이지 바로가기

우리 아이 자존감 높이는 키즈스피치 자신감 없는 아이, 답답한 엄마

우리 아이 자존감,
키즈스피치가 답이다

이주아 지음

우리 아이
스피치
교과서

키즈스피치 우리 아이의 자신감 찾기!
자신감 없는 **아이**, 답답한 **엄마**를 위한 책

목차

1교시 엄마들이 스피치에 열광하는 이유

1. 말 잘하는 아이가 성공한다 · 012
2. 웅변 VS 스피치 · 018
3. 시대의 흐름을 반영한 스피치 교육, 어떻게 하는 것이 효과적인가? · 021

2교시 발표 두려움/불안증이 있는 우리아이를 위한 키즈스피치 코칭법

1. 우리 아이도 혹시 발표 불안증? · 028
2. 발표 두려운/불안증의 원인 파악 · 030
3. 발표 증상에 따른 맞춤형 발표 불안증 탈출 코칭 비법 · 033
4. 낮은 자존감으로 인한 발표 불안증 극복 처방전 · 055

3교시 발표 자신감을 키우는 스피치 비법

1. 말 할 때 숨차 하는 우리 아이, 복식호흡 코칭 절대 비법 · 068
2. 목소리가 작은 우리 아이를 위한 스피치 놀이법 · 085
3. 전달력이 부족한 우리 아이를 위한 스피치 놀이법 · 097

4교시　논리력을 키우는 스피치 비법

1. 두서없고, 뒤죽박죽 말하는 우리 아이 말하기의 원인 · 114
2. 논리적인 말하기의 절대비법! 햄버거 말하기 · 122
3. 두서없이 말하는 아이, 생각지도 그려주기 · 126

5교시　표현력을 키우는 스피치 비법

1. 스피치 실력을 완성하는 표현력 · 136
2. 표현력을 완성하는 표현력 4요소 절대비법 · 140
3. 〈말이 빠른 아이 VS 말이 느린 아이〉 스피치 속도 조절 절대 비법 · 159

6교시　회장선거 100전 100승 스피치 비법

1. 엄마들이 회장선거에 열광하는 이유 · 176
2. 회장선거 백전백승 전략 · 179

7교시　게임으로 배우는 발음 교정

1. 웅얼웅얼, 우물우물 말하는 우리 아이를 위한 스피치 비법 · 194
2. 우리 아이 부정확한 발음의 원인 · 196
3. 우물우물, 웅얼웅얼 대는 우리 아이를 위한 입 모양 교정 · 199
4. 게임으로 배우는 재미있는 발음 교정 · 207

프롤로그

어린이 교육을 연구 한지 어느덧 10년이 되었습니다. 지난 7년간 교육기업에서 아이들과 만나고, 어린이 교육에 대해 연구하고, 지금은 아이들의 자신감과 자존감을 세워주는 스피치 교육을 하면서 늘 느끼는 것이 있습니다.

'믿어 주는 만큼 아이들은 자란다.'는 것과 '스피치가 아이들의 자존감에 많은 영향을 미친다.'는 것입니다.

스피치 교육원을 찾는 학부모님들이 가장 많이 물어보시는 질문이 있는데요. "정말 이 수업을 들으면 아이들이 변하나요?"라는 질문입니다.

이 질문에 저는 언제나 자신 있게 "네!"라고 대답합니다.

이렇게 자신 있게 대답할 수 있는 이유는 그 근거가 되는 수많은 친구들의 임상결과가 있기 때문입니다. 부모와 선생님이 아이를 믿음의 눈으로 지켜봐 주고, 응원해 주면 변화하는 시간의 차이는 있을지 모르지만 아이들은 분명 달라집니다.

하지만 가끔 "스피치를 배웠는데 효과가 없었어요.", "그때만 좋아지고, 금방 원래대로 돌아오던데요?"라는 말을 듣는 경우도 있는데요.

이렇게 스피치의 효과를 제대로 느끼지 못하는 경우를 살펴보면 '기다림 부족과 스피치 문제점의 정확한 진단 실패'가 그 원인이 되는 경우가 많습니다.

스피치는 운동과 같아서 어느 정도 몸에 체득되는 시간이 필요하기 때

prologue

문에 한두 달 만에 지금까지 습관화된 스피치 방법이 완벽하게 바뀌기는 어렵습니다. 적어도 10개월 이상은 지속적으로 자극을 주고, 연습을 해야 습관이 되고, 체득이 되는 것입니다.

또, 병에 걸렸을 때 정확한 진단이 선행된 후 처방이 내려져야 하는 것처럼 우리 아이 스피치도 정확한 진단이 선행된 후 수업 설계가 이루어져야 제대로 된 스피치 수업의 효과를 느낄 수가 있는 것입니다.

아이들의 말하기는 아이들의 심리와 자존감을 반영하고, 이렇게 형성된 건강한 자존감은 아이들을 성공으로 이끕니다.

이렇게 중요한 스피치 교육! 어떻게 하는 것이 좋을까요?

이 책에는 아이들의 스피치 실력을 진단하는 방법과 아이들에게 올바른 스피치 습관을 들여 주는 훈련 방법, 그리고 스피치의 근간이 되는 자존감을 키워 아이들의 성공적인 스피치를 완성하는 '필승 스피치 코칭법'이 담겨 있습니다.

또, 자기표현을 제대로 하지 못하는 아이와, 그로 인해 답답한 부모님들께 실질적인 도움을 줄 수 있는 단계별 훈련방법들과 참고 사진을 꼼꼼하게 기록해 두었습니다.

이 책을 통해 스피치 실력을 키워 우리 아이들이 자기표현을 하는 방법과 자기표현의 즐거움을 배울 수 있길 바랍니다.

자, 그럼 지금부터 우리 아이 자존감을 키워 주는 스피치의 해답을 함께 찾아볼까요?

1교시

엄마들이 스피치에 열광하는 이유

취업, 대입에 면접 비중 증가

"하반기 공채시즌 시작, 스펙보다 인·적성 면접 대비를"
_ 2015.09 머니투데이
"대기업 공채 시즌, 네 능력/스토리를 보여줘" 면접 비중 확대
_2015.09 국민일보
"대기업/ 은행 하반기 공채 확대… 면접 비중 커져"_2015.09 전남일보
"논술/면접 등 대학별 고사 영향력 커질 듯"_ 2015.09 한국경제
"2016 대입수시면접의 합격 전략 포인트는 인성면접"_2015.09 시민일보
"2017 수시 비중 70.5% 역대 최고"_2016.07.21 서울경제

최근 대기업과 대입, 특목고 등에서 면접비중이 높아지고 있습니다. 또한, 2015 교육과정이 개정되면서 모둠 활동과 발표, 토론 수업도 많아지고 있죠.

"중학교 수학 '팀 프로젝트' 방식으로 바뀐다."_2016. 04. 18 연합뉴스
"예비 초등생, 국어, 수학 공부보다 '듣기, 말하기' 더 중요"
_2016.02.12 EBS

게다가 "수포자", 즉 수학을 포기하는 학생들이 많아지면서 수학도 토론 형식을 통한 팀 프로젝트 방식으로 바뀐다고 합니다. 또, 예비 초등생들에게는 읽고, 쓰는 교육보다 다른 사람과 소통의 기본이 되는 듣고, 말하는 연습이 더 강조 되고 있고요. 이렇게 학교에서 자신의 생각이나 의견을 이

야기할 일이 많아지고, 그것이 인생의 중요한 기점의 핵심 능력으로 강조되면서 학부모들의 스피치에 대한 관심이 늘고 있습니다.

  우리 부모들 세대는 영어성적, 자격증 하나가 취업과 대입의 당락을 좌우했다면 이제는 자신의 지식이나 생각을 상대에게 설득력 있게 전달하는 면접이 그 당락을 좌우하고 있는 것이죠.

  그렇다면 취업이나 대입에서 왜 면접의 비중이 점차 높아지는 것일까요? 면접의 비중이 높아지는 이유는 대학과 기업의 선호 인재상이 변화했기 때문입니다. 혼자만 똑똑하고, 혼자만 잘난 인재를 뽑는 것보다 사람 사이에서 소통할 줄 알고, 어울릴 줄 아는 인재를 더 선호하게 된 것이죠. 이는 2015 교육 개정과정의 목표와 기업이 추구하는 인재상을 보면 쉽게 알 수 있습니다. 2015 교육 개정과정의 목표는 바른 인성을 갖춘 창의·융합형 미래 인재를 양성하는 것이며 각 기업들이 추구하는 인재상에도 인성과 협동, 협력은 빠지지 않고 등장합니다. 즉, 성적, 수상 등 수치화된 기록으로 역량을 평가하는 시대가 가고, 서류와 면접 등 종합 평가를 통해 지원자의 역량을 다각적으로 평가하는 시대가 된 것이죠. 이렇듯 학업 외에도 대인 관계와 인성, 특성을 판단하기 위해 면접의 비중이 높아질 수밖에 없는 것입니다.

말 잘하는 아이가 성공한다

　버락 오바마, 오프라 윈프리, 스티브 잡스, 유재석, 김연아 등 성공한 사람들의 공통점이 있습니다. 바로 '말을 잘한다.'라는 점입니다. 최근 '말'이 성공의 키워드라는 인식이 점차 자리를 잡아 가고 있습니다. 물론 성공을 위해서는 말을 잘하는 것 이외에도 다양한 능력들이 필요하죠. 버락 오바마는 다른 사람을 이끄는 남다른 리더십이 있고, 오프라 윈프리는 다른 사람의 마음을 끌어 낼 줄 아는 능력을 가지고 있으며, 스티브 잡스는 톡톡 튀는 창의력을, 유재석은 다른 사람의 장점을 끌어내는 리더십을 가지고 있습니다.

　단순히 '말'만 잘해서는 성공하기가 힘듭니다. 하지만 말 잘하는 사람이, 말 잘하는 아이가 성공한다고 하는 공식이 성립하는 이유는 바로 '말' 속에 숨어있는 자존감이라는 성공의 열쇠 때문일 것입니다. 자존감, 즉 자아존중감은 자기 스스로를 존중하는 마음인데요. 자기 가치감, 유능감, 자신에 대한 호감까지 이 세 가지가 자존감을 구성하는 주요 요소입니다.

　먼저, 자기 가치감은 '나는 소중해.', '나는 사랑 받을 가치가 있어.' 등 스스로를 소중히 여길 줄 아는 마음을 말합니다. 이런 '자기 가치감'을 가진 아이는 스스로를 가치 있게 여겨 자신의 감정이나 생각을 인정할 줄 알고, 자신의 의견에 확신을 가지고 있기 때문에 자신감이 넘치는 아이로 자라게 됩니다.

두 번째로 유능감은 '나는 할 수 있는 것이 많아.', '무엇이든 잘할 수 있어.' 등 스스로에 대해 어떤 것이든 잘할 수 있다는 확신을 말하는데요. 이런 유능감을 가진 아이는 새로운 것에 대한 두려움이 없고, 도전을 즐기게 되며 실제로 어떤 일이든 유능하게 해내는 경우가 많습니다.

마지막으로 자신에 대한 호감은 나 스스로가 실패했을 때 스스로를 다독거리고, 다시 일어날 수 있는 힘을 뜻합니다. '나는 ○○○이야. 그러니까 이 정도 실패는 아무것도 아니지.', '이 일을 나 아니면 누가 할 수 있겠어.' 등 나 자신에 대해 긍정적인 느낌을 가지고 있는 아이는 쉽게 좌절하거나 포기 하지 않죠. 나 스스로를 소중히 여기고, 자기 자신의 생각에 확신을 가지고 있으며 무엇이든 잘 할 수 있다는 자신감으로 실패에도 굴하지 않고 지속적으로 도전해 그것을 해낼 수 있다는 사람이라면 성공을 하는 것은 당연하지 않을까요?

이처럼 자존감이 제대로 형성되어 있는 아이는 나의 삶이 행복하고, 무엇이든 자신 있게 도전하고, 혹여 실패를 경험한다고 해도 좌절하지 않고 다시 일어나서 달릴 수 있는 힘을 가지게 됩니다.

그럼 이렇게 성공과 행복의 열쇠가 되는 자존감, 이 자존감이 스피치와 어떤 관계가 있을까요?

몇 년간 수천 명의 친구들에게 SCA(스피치능력평가)를 한 결과 자존감과 말하기는 밀접한 관계를 가지고 있다는 답을 얻을 수 있었습니다. 예를 들어 아이가 부끄러움이 많아 자신의 의견을 제대로 이야기하지 못하는 경우, 그 원인은 부끄러움인 경우도 있지만 자존감이 낮아 자신의 의견이 맞는지, 틀리는지에 대한 확신이 없어 의견을 이야기하지 못하는 경우가 대다수였습니다. 이렇게 가시적으로 자신감, 자존감이 낮은 것이 한눈에 보이는 경우뿐 아니라 말하기에 핵심이 없는 아이, 두서없이 말하는 아이, 공격적인 말투를 쓰는 아이, 부정적인 감정표현을 피하는 아이 등 겉으로 자신감이 부족해 보이지 않는 경우에도 그 아이들의 말하기에 문제를 자세히 들여다보면 그 원인이 자존감의 문제인 경우가 많았습니다.

물론, 자존감이 낮아서 위와 같은 말하기의 문제가 생기기도 하고, 혹은 말하기의 문제 때문에 자존감이 낮아지기도 합니다. 무엇이 먼저인지는 좀 더 자세히 들여다봐야 할 문제이지만 자존감과 스피치의 연관성은 명백했습니다. 그렇기 때문에 우리 아이가 행복하게 자라기 위해서, 우리 아이의 성공을 위해서는 먼저 우리 아이의 말하기를 관찰하고, 그에 맞는 코칭을 해주는 것이 중요합니다.

(1) 우리 아이 사회성의 표출, 스피치!

"우리 아이가 친구들과 어울리질 못해요."
"친구 사이에서 자꾸 밀려요. 의견도 잘 얘기 못 하구요."
"학교 가기 싫다고 하고, 친한 친구가 없어요."
"친구한테 끌려 다녀서 답답해요."

위의 경우처럼 또래 관계가 원활하지 못해 우리 교육 센터를 찾는 친구들이 많습니다. 어른들 세대에는 형제가 많아 형제 사이에서 배려, 협동, 조율 등의 능력들을 자연스럽게 배우기도 하고, 친구들이 모이는 장소인 놀이터나 운동장에서 많은 시간을 보내면서 사회성이 자연스럽게 형성되는 경우가 많았습니다. 하지만 최근에는 한 자녀 가정이 많아지고, 아이들이 학원에서 보내는 시간이 많아지면서 다른 사람과 어떻게 관계를 맺고, 그것을 유지해 나가야 하는지에 대한 방법을 모르는 아이들이 많아지고 있는 것이지요.

간혹 상담을 하러 오시는 부모님들 중에는 "집에서는 이거 하고 싶다, 저거 하고 싶다. 자신 있게 얘기도 하고, 동생한테 소리를 지르기도 하고, 자신감이 없는 것 같지 않은데 밖에만 나가면 다른 아이가 돼요."라고 이야기하시는 부모님들이 있습니다. 여기서 부모님들이 꼭 알고 계셔야 하는 점이 있습니다. 바로 자신감, 자존감은 상황에 따라 달라질 수도 있다는 것입니다. 가족들과 있을 때, 집 안에서는 왕처럼 자기 마음대로 하다가 밖에만 나가면 소심해지는 친구의 경우는 가정 내의 자존감은 높으나 사회적 자존감이 낮은 경우가 많습니다. 즉, 가정 내에서는 자아에 대한 긍정적인 피드백을 받고, 부모에 대한 신뢰로 인해 자신이 어떤 행동을 해도 부모님이 받아줄 것이라는 것을 알고, 자신이 느낀 그대로 감정과 생각을 표현하지만 또래 사이에서나 사회에서 긍정적 피드백, 성공경험이 부족하기 때문에 '이렇게 행동하면 저 사람이 날 어떻게 생각할까?', '날 싫어하면 어떡하지?'와 같은 고민으로 이러지도 저러지도 못하는 소심한 친구가 되는 경우가 많습니다.

지난 3월, 처음 만난 초등학교 2학년 정 모 친구는 자신감을 키우고 싶다는 이유로 우리 교육센터를 찾았습니다. 이 친구는 발표는 물론이고, 또래 사이에서 의견을 내지 못하고, 친구들이 하자는 대로 하고, 친구들이 양보하라고 하면 자신의 것을 아무 말도 못하고 내어 주는 등, 자기표현이 부족한 특징을 가지고 있었는데요. SCA(스피치능력 평가)를 통해 자세히 들여다보니 친구 사이에서 어떻게 의견을 얘기해야 하고, 어떻게 감정 표현을 해야 할지 몰라 주저 하는 동안 또래 사이에서 '무조건 양보해 주는 아이', '무시해도 되는 아이'로 이미지가 굳어져 이제는 의견을 이야기하는 것 자체를 포기한 상태였습니다. 그렇다 보니 자아 존중감 역시 굉장히 낮은 결과가 나왔죠.

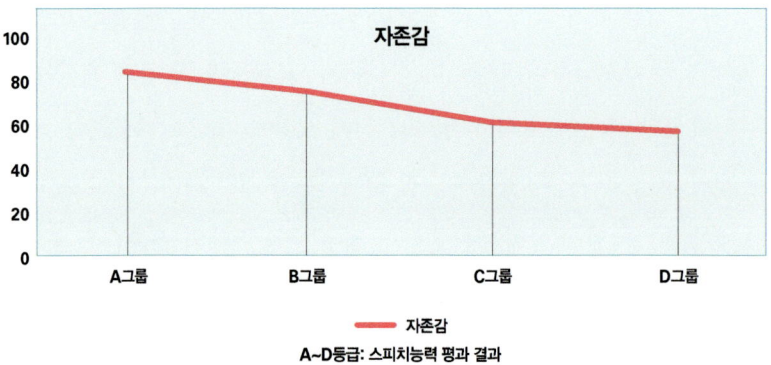

이와 같이 우리 아이들에게 스피치는 곧 자신감인 것입니다. 스피치를 통해 나의 의견이나 느낌을 이야기 하고, 상대방이 나의 생각에 공감해주고, 나의 의견을 받아주는 것을 통해 우리 아이들은 자신에 대한 긍정적인 자아를 갖게 되고, 자신감이 높아지게 됩니다.

하지만 자존감이 형성되고, 자신감이 자리 잡는 중요한 시기인 유아기, 초등학생 시기에 제대로 자신의 의견을 얘기하지 못하고, 무시당하는 경험을 자주 하게 되면 자아를 부정적으로 받아들이게 되어 생활 전반의 성실성과 유능감이 떨어지게 되어 의욕 없고, 사회성이 낮은 아이가 될 수밖에 없는 것입니다.

이렇게 스피치, 즉, 말하기는 단순히 발표에만 국한되는 것이 아니라 우리 아이의 자신감, 자존감부터 사회성, 리더십에 이르기까지 우리 아이의 성장 전반에 영향을 끼칩니다. 그렇기 때문에 말하기는 우리 아이가 제대로 성장하고 있는지를 알아볼 수 있는 중요한 도구인 것이지요. 그래서 자존감이나 사회성이 형성될 시기의 스피치 교육이 굉장히 중요한 것입니다.

웅변 VS 스피치

"웅변과 스피치, 어떤 점이 다르죠?"

최근 우리 센터를 찾는 부모님들께서 가장 자주 하시는 질문입니다. 우리는 어릴 적부터 주입식 교육을 받아왔습니다. 뭔가 새로운 것을 스스로 생각해내는 것보다는 있는 사실을 외우고, 발표하는 것이 더 중요했고, 그것에 익숙했습니다. 하지만 지금은 배운 지식을 바탕으로 자신의 생각과 의견을 만들어 낼 줄 아는 창의적인 인재를 만드는 것이 현 교육부의 교육 목표입니다. 스피치는 이런 교육의 흐름을 반영해 웅변이 진화한 것이라고 보면 됩니다. 웅변은 원고를 지속적으로 반복 연습해 완벽하게 발표하는 것이 교육 목표입니다. 그렇기 때문에 발표의 내용 역시 딱딱한 문어체가 많고, 목소리 톤이나 원고를 전달하는 방식 역시 카리스마로 상대를 압도해 리더십을 발휘하는 것이 더 초점을 두는 것이지요. 그래서 웅변을 하면 목소리도 커지고, 발표에 대한 자신감이 자랍니다.

스피치는 이런 웅변의 장점에 나의 의견을 만들고, 그것을 내가 효과적으로 전달하는 것을 함께 훈련시키는 것을 교육 목표로 하는데요. 이런 웅변의 진화는 예전의 교실의 풍경과 현재 교실의 풍경만 들여다봐도 쉽게 이해할 수 있습니다.

책상 전&후 변화 사진

변화 전: 교사 집중형 배치

변화 후: 모둠 활동 형태

먼저, 책상의 위치부터 다릅니다. 예전에는 모든 학생이 선생님과 칠판을 바라보며 수업을 듣는 한 방향 수업이었다면 지금은 모둠을 만들어 아이들 사이의 서로 생각을 나누고, 그것을 통해 새로운 결과를 만들어내는 소통형 수업이 진행됩니다. 그렇다 보니 예전 교실에서의 발표는 정해진 책을 읽거나 정답을 얘기하는 수준의 발표가 많았고, 현재는 소그룹 내에서 나의 의견을 이야기하고, 친구를 설득하기도 하고, 친구의 의견을 반박하기도 하며 새로운 생각을 만들어 내기도 하는 등 단순히 발표를 위한 말하기보다 다른 사람과 어울릴 수 있는 말하기, 나의 생각을 논리적으로 설득력 있게 얘기할 수 있는 말하기가 더 필요한 것입니다. 그래서 말하기 교육도 그에 맞추어 '스피치'라는 이름으로 진화했고, '스피치 교육' 안에는 말하기의 기본이 되는 자신감을 키우는 수업부터 논리력, 설득력, 토의, 토론까지 다각적인 말하기 교육이 진행되는 것입니다.

시대의 흐름을 반영한 스피치 교육, 어떻게 하는 것이 효과적인가?

그럼 시대가 원하는 인재를 키우기 위한 스피치 교육, 우리 아이를 행복한 아이로, 성공하는 아이로 바꿔줄 스피치 교육, 어떻게 하는 것이 효과적일까요?

우리 아이 스피치 교육의 '적기'를 찾아라!

모든 교육에는 '적기'가 있습니다. 교육에 있어서 '적기'라고 하는 것은 우리 아이가 그 교육을 받아들일 수 있는 시기를 뜻하기도 하고, 교육을 받았을 때 최대의 효과를 볼 수 있는 시기를 뜻하기도 합니다. 그렇다면 언제 스피치 교육을 받는 것이 가장 효과적일까요?

결론을 먼저 말씀드리자면 다른 교육도 마찬가지겠지만 스피치는 특히나 아이마다 '적기'가 다릅니다. 말이 느리고, 빠르냐에 따라, 자존감이 얼마나 형성되어 있는 지에 따라, 또래 관계에 따라 진단되는 '적기'가 달라질 수 있겠죠. 그렇기 때문에 우리 아이 스피치 '적기'를 찾고 싶다면 정확한 진단을 받는 것이 우선시되어야 할 것입니다.

스피치 교육! 이때는 꼭 필요하다!

　아이마다 스피치를 배울 '적기'는 다를 수 있지만 절대 놓쳐서는 안 되는 스피치 교육의 시기가 있습니다. 바로 초등학교 입학 전 예비초등 시기인 데요. 아이들에게 '학교'라는 곳은 굉장히 설레는 곳이기도 하지만 두려운 곳이기도 합니다. '학교'는 '유치원'과 전혀 다릅니다. 먼저, 교육환경이 확연히 다른데요. '유치원'의 책상, 의자와 '학교'에서의 책상, 의자만 보아도 그 차이를 알 수 있습니다.

유치원 VS 학교 다른 점

'유치원'의 환경은 전반적으로 따뜻하고, 부드러운 느낌으로 환경이 조성되어 있어 아이들이 첫 사회생활을 친근하게 받아들일 수 있도록 합니다. '학교'는 그 이름 두 자에서 느껴지는 느낌처럼 공부하기 좋은 환경을 제공합니다. '학교'는 무언가를 배우기 위한 공간인 것이죠. 그렇기 때문에 아이들이 집중할 수 있는 환경과 분위기를 제공합니다. 유치원을 다니다가 처음 학교의 환경을 접하는 아이들은 답답하고, 재미없는 곳이라고 느낄 확률이 크겠지요.

선생님 역시 그렇습니다. 이제 막 학교에 입학한 초등학생들에게 "학교와 유치원의 가장 큰 차이점이 뭐니?" 하고 물으면 70~80%는 '선생님'을 꼽습니다. '유치원의 선생님은 한 선생님 당 배정되는 학생 수가 학교보다 적기 때문에 선생님들이 아이들 한 명, 한 명에 대해 잘 파악하고 있는 경우가 많고, 아이들 역시 선생님과 대화하고 소통할 기회가 많습니다. 이렇게 '선생님=친절'이라는 공식만 알던 우리 아이가 많은 아이들을 통제해야 하는 초등학교 선생님들 만나면 얼마나 그 상황이 낯설고 당황스러울까요?

초등학교 1학년은 아이들이 학교에 대한 첫 이미지를 형성하는 시기입니다. 그렇기 때문에 우리 아이가 초등학교를 다니는 6년 동안 자신감 있고, 또래 사이에 리더십 있는 아이가 되려면 초등학교 1학년의 첫 발표, 첫 친구, 첫 선생님의 역할이 굉장히 중요합니다. 우리 아이의 초등학교 6년 생활을 행복하고, 자신 있게 만들어주고 싶다면 절대 7세, 예비 초등 시기를 놓쳐서는 안 됩니다.

내 아이를 객관적으로 파악하라!

그럼 우리 아이 스피치 교육, 어디서부터 어떻게 시작해야 할까요?

모든 교육은 아이의 현 상태를 제대로 파악하는 것부터 시작됩니다. 부모는 아이가 태어나면서부터 아이와 가장 많은 시간을 보는데요. 그렇기 때문에 내 아이에 대해서 가장 많은 것을 알고, 파악하고 있는 것도 부모입니다. 하지만 내 아이이기 때문에 가장 많은 것을 알고 있지만 그것을 객관적으로 진단해 내는 것은 정말 어렵습니다.

상담하면서 가장 힘든 케이스는 바로 본인 아이의 표면적인 행동적 특성과 말하기만 보고, 아이를 판단해 버리는 부모님의 경우인데요. 작년 겨울, 초등학교 2학년 남자아이가 우리 센터를 찾았습니다. 부모님은 "아이가 뭐든지 다 시시하다고 하고, 다른 친구들을 무시하고, 자존감과 자만심이 커서 걱정이에요."라며 고민을 내비치셨습니다. 하지만 상담결과는 부모님이 알고 있는 아이의 상태와 전혀 달랐습니다. 이 친구는 뭔가 새로운 것에 도전하려고 할 때 그 긴장감이나 두려움 굉장히 컸습니다. 게다가 자존심도 세서 새로운 것에 대한 긴장감이나 두려움을 있는 그대로 표현하는 것이 아니라 시시해 하고, 관심 없는 척을 하며 그 상황을 모면하고자 하는 행동특성을 가지고 있었습니다. 즉, 스스로에 대한 자존감이 부족해 실패를 두려워하고, 그런 자신의 감정을 누르고, 그것을 '센 척'이라는 다른 방식으로 표출하고 있는 것이었습니다. 하지만 아이의 부모님께서는 "우리 아이가 자존감 낮다고? 저렇게 잘난 척을 하는데?"라는 생각을 갖고 계셨고, 끝을 모르고 치솟는 자만심을 눌러주길 원하셨습니다. 오랜 설득 끝에 상담결과 대로 아이의 수업이 진행됐고, 지금은 자신의 마음을 느낀 그대로 표현하는 것이 옳은 것이고, 그래도 괜찮다는 것을 알게 되어 점차 자존감과 또래사이 사회성을 회복해 나가고 있습니다.

우리 스피치 교육센터에 상담을 오시는 부모님들 중 "우리 아이는 정말 내성적이에요. 말도 안 하고, 반응도 없고, 내 아이지만 쟤 속을 도통 모르겠어요."라며 답답해하시는 부모님들이 많습니다. 이런 아이들을 실제로 상담을 하면 타고난 성향이 내성적인 친구도 있지만 부모의 훈육방식으로 인해 본래 자신의 성향을 누르고 내성적인 아이가 되어 있는 경우도 많습니다. 자신의 원래 성향을 누르고 사는 아이는 자신의 감정이나 의견을 스스로 인정하지 못하고, 참고 무시하게 되어 자존감이 낮아지게 되고 어떤 의욕도 생기지 않게 됩니다. 이는 부모가 내 아이 파악을 실패한 전형적인 케이스이지요. 내 아이의 원래 성향을 알지 못하고, 내가 원하는 방식으로 아이를 끌어가다 보면 어느 순간 착하지만, 자신의 색을 잃어버리고 하고 싶은 것도, 원하는 것도 없는 무채색의 아이가 될 수 있습니다.

상담자가 아이를 관찰하는 시간은 1~2시간입니다. 하지만 부모가 아이를 본 시간은 수천 배로 많습니다. 그렇기 때문에 부모가 파악한 아이와 상담자가 파악한 아이의 모습이 다르면 받아들이는 것이 쉽지 않을 수 있습니다. 하지만 상담자는 수많은 경험과 지식 그리고 아이를 객관적으로 볼 수 있는 눈을 가지고 있습니다. 내 아이를 내가 객관적으로 보고, 제대로 훈육하고 있는지 궁금하다면 제3자의 객관적인 평가를 들어 볼 것을 추천합니다.

이처럼 스피치는 단순히 '말'이 아니라 우리 아이의 성향과 기질, 경험을 표출하는 중요한 수단입니다. 우리 아이가 자신감이 부족하다면, 우리 아이가 어떤 생각을 가지고 있는지 궁금하다면, 또, 우리 아이 미래의 성공의 열쇠가 될 수 있는 자존감을 스피치를 통해 높여주고 싶다면 이 책이 부모님들께 그 길잡이가 되어 드릴 수 있을 것입니다.

그럼 우리 아이의 미래를 변화 시킬 스피치 교육을 지금부터 시작해 볼까요?

2교시

발표 두려움/불안증이 있는 우리 아이를 위한 키즈스피치 코칭법

우리 아이도 혹시 발표 불안증?

발표 두려움/불안증이란?

"공개수업 가면 우리 아이만 맨날 손을 안 들어요. 답답하기도 하고, 안타깝기도 해서 저도 모르게 자꾸만 윽박지르게 돼요."

'우리 아이가 발표 자신감이 왜 부족할까?', '다른 아이들은 잘 하는 데 왜 우리 아이만 자꾸 저럴까?'하며 속상해 하시는 부모님들이 많습니다. 발표 자신감이 부족하면 먼저 나서서 발표하는 일이 거의 없으며 발표를 두려워하고, 발표 상황이 오면 긴장이 극대화 되어 평소 실력의 반만큼도 제대로 발휘 할 수 없게 되는 것이죠. 그런 아이의 모습을 볼 때면 부모의 마음은 타 들어 갑니다. 평소 가족들 앞에서는 까불까불 장난치던 아이가 발표 상황만 되면 소심한 아이로 변하는 이유는 무엇일까요? 우리 아이를 괴롭히는 이 발표 자신감 부족! 어떻게 해결하면 좋을까요?

먼저, 발표 자신감 부족의 원인을 알아보기 전, 우리 아이 발표 자신감이 어느 정도인지 체크해 볼까요?

〈우리 아이 발표 불안증 체크리스트〉

번호	질문	그렇다.	그렇지 않다.
1	손들고 발표하는 일이 거의 없다.		
2	발표 전날, 긴장으로 인해 제대로 잠을 이루지 못한다.		
3	발표를 할 때 심장이 두근거리고, 얼굴이 빨개진다.		
4	발표 시 목소리가 작아지고, 말소리가 떨린다.		
5	발표하는 순간의 시선이 집중되는 것을 두려워한다.		
6	발표만 하려고 하면 머릿속이 하얘지고, 말이 뒤죽박죽 나온다.		
7	발표할 때 틀릴까 걱정돼서 발표를 꺼려한다.		
8	연습할 때는 잘하는데 막상 발표를 하면 제 실력보다 못한 경우가 많다.		
9	발표를 할 때 친구들이 혹시 나를 비웃지 않을까 걱정된다.		
10	발표 긴장이 심해 발표 시 눈물을 보이는 경우도 있다.		

결과	
9~10개가 해당되는 경우	심한 발표 불안증 상태
6~9개가 해당되는 경우	발표 불안증 상태
5개 이하	발표 자신감 부족 상태

발표 두려운/불안증의 원인 파악

탐정이 범인을 잡을 때 여러 가지 단서가 필요하듯, 우리 아이의 발표 불안증을 개선하려면 우리 아이가 왜 발표 상황에서 극도로 긴장하고, 스트레스를 받는지 원인을 찾아야 합니다. SCA(스피치능력평가)를 통해 스피치 자신감이 부족한 친구들의 데이터를 분석해 본 결과 발표 자신감이 부족한 원인을 크게 4가지로 나눌 수 있었습니다.

첫째, 발표 및 말하기에 대한 성공 경험 부족

유치원이나 학교에서 통합교과를 시행하면서 예전에 비해 아이들이 자신의 생각을 발표할 기회가 예전에 비해 많이 늘어났습니다. 하지만 우리 아이들이 발표나 말하기가 자연스럽게 습관화될 만큼 많은 기회가 있는 것은 아닙니다. 게다가 같은 모둠이나 그룹에서 말하기를 좋아하고, 자신감 있는 아이가 있다면 몇 없는 그 기회조차도 어떤 아이에게는 허락되지 않을 수 있겠지요. 이렇게 아이들이 유치원, 학교 안에서 발표나 말하기에 대한 경험이 부족하기 때문에 자연히 발표, 말하기에 대한 자신감도 줄어들 수밖에 없는 것입니다. 이렇게 발표나 말하기에 대해 자신이 없고, 경험이 부족한 친구들은 새로운 장소, 새로운 만남에 대한 두려움으로 새 학년 새 학기 증후군이 생길 확률도 높기 때문에, 새 학년 새 학기에 들어서기 전에 꼭 말하기의 자신감을 높여주기 위한 대비가 필요합니다.

둘째, 발표 및 말하기에 대한 트라우마

"넌 왜 이렇게 목소리가 작니?", "무슨 말인지 하나도 모르겠어. 다시 말해봐." 등 자신의 발표나 말하기에 대한 긍정적인 피드백을 받지 못한 아이들은 '난 말을 잘 못해.'라고 생각하고, 말하기를 두려워하게 됩니다. 스피치 교육센터를 찾은 3학년 여자아이는 발표에 대한 두려움이 눈에 띄게 컸습니다. SCA Test 및 미술심리를 통해 이 친구를 진단해 보니 그 두려움에 근본적인 원인은 놀랍게도 유치원 시절의 한 가지 경험에 있었습니다. '유치원 시절 자신이 발표할 때 친구들이 웃었다. 그래서 지금도 친구들이 자신이 발표하면 웃을까봐 걱정이 된다.'는 것이 이 아이의 발표 두려움에 결정적인 원인이었던 것입니다. 어른들이 보기에 정말 사소한 유치원 시절의 이 단 한가지의 경험이 초등학교 3학년이 된 지금도 여전히 말하기에 영향을 끼치고 있는 것입니다. 이런 트라우마를 가지고 있는 아이의 경우 단순히 스피치의 기술적인 요소를 먼저 가르치는 것보다 그 트라우마를 해소하기 위한 근본적인 대책이 필요합니다.

셋째, 자존감이 낮은 경우

자존감, 자아 존중감이란 자신이 사랑받을 가치가 있는 소중한 존재이며, 어떤 일이든 잘 해낼 수 있는 사람이라고 생각하는 마음입니다. 자아 존중감이 낮은 친구의 경우는 기본적으로 '나는 못해.'라는 스스로에 대한 부정적 이미지를 가지고 있기 때문에 발표뿐 아니라 학습적 부분, 사회성 부분까지도 자신감이 떨어질 수밖에 없습니다. 또, 자존감이 낮은 친구는 아무리 머릿속에 훌륭한 생각을 가지고 있다고 해도 자신의 생각에 확신이 없기 때문에 '이렇게 말하는 것이 맞나?'에 대해서도 고민을 하고, '이렇게 말하면 다른 친구들이 나를 어떻게 볼까?'라는 생각을 하게 되며, 이런 고민 끝에 '아무 말도 하지 않으면 아무 일도 일어나지 않겠지? 차라리 말을 하지 말자.'라는 결론에 이르게 됩니다. 그렇다 보면 발표뿐 아니라 또래 사이에서도 자신의 의견 없이 끌려 다니는 아이가 되는 것이죠. 그래서 이런 친구들의 경우는 단순히 스피치의 기술적인 부분을 코칭하는 것이 아니라 스피치를 통해 자존감을 높이는 수업을 진행 후 발표력을 키우는 수업으로 자연스럽게 진행해야 제대로 된 스피치 교육의 효과를 얻을 수 있습니다.

이렇듯 아이들의 말하기는 스스로에 대한 자신감뿐 아니라 자아의 이미지와 심리상태가 모두 반영된다고 볼 수 있습니다. 그렇기 때문에 스피치 자신감을 키우고 싶다면 그 전에 정확한 진단이 선행되어야 합니다.
이제 우리 아이 발표 불안증/두려움의 원인을 파악했다면 지금부터는 어떻게 하면 이 발표 불안증/두려움을 탈출할 수 있는 방법을 알아보겠습니다.

발표 증상에 따른
맞춤형 발표 불안증 탈출 코칭 비법

(1) 발표 및 말하기 경험 부족으로 인한 발표 불안증 탈출 코칭 비법!

"자리에서 일어나서 하는 발표는 괜찮은데 앞에 나가서 하는 발표는 너무 떨려요."라고 말하거나 "준비된 것은 할 수 있는데 그 자리에서 바로 생각해서 말하는 것은 못하겠어요."라고 말하는 친구들이 굉장히 많습니다. 이런 아이들의 경우 발표 경험 부족으로 인한 불안증이 있는 경우가 많은데요. 평소 학교에서, 자리에서 일어나 하는 발표는 많이 하지만 앞에 나가서 반 전체 친구들에게 발표하는 경험은 별로 하지 않기 때문에 발표 두려움이 클 수밖에 없는 것이죠. 또, 말할 내용은 머릿속에 많지만 그것을 빠르게 배열하는 훈련을 해보지 않은 친구들은 즉흥으로 생각을 정리해서 이야기하는 발표에서 '틀리면 어떡하지?' 하는 불안이 생길 수 있습니다.

이렇게 아이들이 발표 두려움이나 불안이 생기는 경우 부모님들의 적절한 대응이 무엇보다 중요한데요. '다른 아이들은 다 잘하는데 우리 아이만 대체 왜 저러지?'라고 생각하시면서 안타까운 마음에 아이를 다그치기 쉽습니다. 아이는 단순히 발표 경험 부족으로 인해 발표 자신감이 없었을 뿐인데, 이런 부모의 대응 때문에 발표 자신감 부족이 발표 불안증, 트라우마로 발전할 수 있으니 주의해야 합니다. 또, '좀 크면 나아지겠지.' 생각하시면서 아이의 발표 불안증을 방치하게 되는 경우 발표 불안증을 극복할 수 있는 적기를 놓치게 될 수 있는데요. 이렇게 발표 불안증 극복의 적기를 놓치면 아이가 발표 불안증을 극복하는 데 훨씬 더 많은 시간과 용기를 필요로 하게 됩니다.

그러면 우리 아이 발표 경험 부족으로 인한 발표 불안증! 어떻게 대처하면 될까요?

1) 경험부족으로 인한 발표 불안증 극복 처방전 1단계! 〈공감대화 처방전〉

아이가 처음 발표에 대해 두려움을 느낄 때 부모의 대응에 따라 자신의 발표 불안증을 쉽게 극복할 수 있기도 하고, 더 큰 트라우마가 되기도 합니다. 그렇기 때문에 아이가 처음 발표 두려움을 느꼈을 때 부모의 적절한 대응이 가장 중요한데요. 이때 가장 먼저 1차적으로 처방해야 하는 것이 바로 공감대화 처방전입니다. 공감대화 처방전은 아이의 마음에 충분히 공감해주고, 마음을 안심시킬 수 있는 효과적인 방법인데요. 발표 두려움은 누구나 느낄 수 있는 감정이라는 것을 알려주고, 그것을 극복 할 수 있는 방법에 대해 함께 이야기 해 보는 것입니다. 이럴 때 가장 효과적인 공감대화 방법은 바로 부모의 어릴 적 경험을 예로 들어 주는 것인데요. '엄마도 어릴 때 그랬었어. 연습만 좀 하면 금방 나아질 거야. 엄마도 그랬거든.' 하고 아이에게 말해주면 아이는 '엄마도 그랬구나. 그럼 금방 괜찮아지겠네.'라고 느끼며 안심하게 되고, 엄마 말대로 하면 발표 불안증은 금방 극복할 수 있을 것이라고 느끼게 될 것입니다.

〈공감대화 처방전 예시〉

아이: 엄마 오늘 학교에서 발표했는데 완전 망쳤어요.

엄마: 그랬구나. 우리 ○○이가 많이 긴장 했었나 보네.

아이: 너무 떨렸어요. 발표 이제 못할 것 같아요.

엄마: 그랬겠다. 엄마도 그 마음 알아. 이건 아빠한테 비밀인데 사실 엄마도 어릴 때 발표를 엄청 두려워했었어. 발표할 때마다 심장이 튀어 나올 것 같고, 얼굴은 빨개지고, 지금 생각해도 너무 떨린다.

아이: 아~ 엄마도 그랬구나. 그럼 엄마는 어떻게 괜찮아졌어요?

엄마: 응~ 미리 집에서 교과서를 보고, 발표 연습을 여러 번 하고 발표하니까 금방 괜찮아졌어. 그러니까 우리 ○○이도 조금만 연습하면 괜찮아질 거야. 엄마가 엄마의 비법을 너한테만 몰래 전수해줄게~ 그러니까 힘내자!!

아이: 네! 알겠어요.

이러한 공감대화를 통해 아이가 발표에 있어 느낀 불안한 마음을 안심시켜주고 함께 방법에 대해 생각해 보고, 그 방법을 실천해서 발표 불안증을 극복하게 되면 아이는 발표 자신감이 생김은 물론, 그 성취감으로 인해 자존감도 높아질 수 있으니 적극 활용해 보세요!

2) 경험부족으로 인한 발표 불안증 극복 처방전 2단계!
〈발표 시 나의 몸의 변화 관찰하기〉

발표 불안증이 있는 친구들은 발표를 할 때 다양한 몸의 변화를 겪게 됩니다. 얼굴이 빨개지기도 하고, 온몸이 떨리기도 하며 손발이 차가워지고, 배가 아프기도 하지요. 이렇게 긴장을 할 때 나의 몸이 어떻게 반응하는지 관찰하면 그에 따라 미리 대응을 할 수 있어서, 발표를 할 때 예상하지 못한 실수나 돌발 상황을 줄일 수 있답니다.

그럼 우리 아이는 발표 시 어떤 몸의 변화가 있는지 관찰해 볼까요?

〈발표 시 우리 아이 몸의 변화〉

이렇게 긴장했을 때 우리 아이의 몸 변화를 아이와 함께 관찰해 보면, 아이가 그런 상황에서 얼마나 긴장을 하는지와 그 상황에서 어떤 기분이

나 생각을 갖게 되는지를 알 수 있게 됩니다. 아이는 발표를 할 때 '내 몸이 왜 이러지? 온몸이 떨려. 어쩌지?' 하고 급작스러운 자신의 몸의 변화를 받아들이지 못하고, 당황하는 경우가 많은데요, 아이와 함께 발표를 할 때 내 몸에서 일어나는 일들을 관찰하면 당황하지 않고, '온몸이 떨리네. 내가 긴장했나 보네.'라고 변화를 받아들일 수 있습니다. 이렇게 신체적인 변화를 받아들인 다음에는 적절한 대응이 필요합니다.

어떻게 대응하면 되는지 함께 살펴볼까요?

긴장된 나의 신체 변화를 인정하고 적절히 대응하기
1단계) 눈을 감고, 내 몸의 변화 느끼기
2단계) 나의 긴장 상태 인정하기
3단계) 들숨에 용기를 들이마시고, 날숨에 두려움을 빼낸다고 생각하며 심호흡하기
4단계) 무대 위에 올라가는 순간부터 발표를 마치고 내려오는 순간까지 성공적 발표를 하는 나의 모습 이미지 트레이닝 해 보기

'난 긴장한 게 아니야!'라고 감정을 피하며 억누르기보다는 긴장의 감정을 인정하고 느끼며, 복식호흡을 통해 마음을 가라앉히는 훈련을 반복하면, 향후 스스로 긴장을 조절하고 극복할 수 있는 방법도 익힐 수 있으니 꼭 실천해 보세요.

3) 경험부족으로 인한 발표 불안증 극복 처방전 3단계! 〈장소 적응 훈련〉

'집에서 연습할 때는 그렇게 잘하더니 실전에서는 머리가 하얘진대요.'

'실전에서는 집에서 연습할 때보다 절반도 실력이 안 나와요. 정말 속상해 죽겠어요.'

아이의 발표 두려움을 감지하게 되면 부모님들께서 가장 먼저 하시는 것이 바로 '철저한 연습'일 것입니다. 집에서 완벽하게 연습하고 나면 발표에 자신감이 붙게 되고, 그러면 발표 두려움 없이 발표를 할 수 있게 될 것이라고 생각하시는 거죠. 하지만 그럼에도 불구하고 아이가 다시 발표를 실패하고 오게 되면 속상한 마음에 '그렇게 연습했는데 대체 왜 그래.'라며 아이를 다그치게 되는 경우가 종종 있습니다. 이때 우리 어른들이 쉽게 간과하는 것이 바로 '환경'이 변화한다는 사실입니다. 발표 불안증이 있는 친구들은 집에서 연습을 아무리 철저히 했다 하더라도 장소가 변하면 발표를 다시 새롭게 느끼고, 두려움을 겪게 됩니다. 그렇다고 학교에 가서 발표 연습을 하거나 실제 발표 장소에 가서 미리 발표를 해 보는 것은 현실적으로 불가능 하겠지요. 그렇기 때문에 집에서 발표를 연습을 할 때 철저한 반복 연습과 함께 꼭 동반 되어야 하는 것이 '발표 장소 적응 훈련'입니다. 그럼 우리 아이가 어떤 장소에서든 제 실력을 100% 발휘해 발표를 잘할 수 있게 하는 '장소 적응 훈련'을 함께 해 볼까요?

우리 아이 발표를 완벽하게 하는 '발표 장소 적응 훈련' 해보기

복도 연습

방송실 연습

도서관 연습

그린방 연습

1단계) 발표 주제를 가지고 원고를 만든다.

2단계) 방에서 거울을 보며 완벽하게 연습한다.

3단계) 집에서 방마다 돌아다니며 어느 장소에 가서든 완벽하게 할 수 있을 때까지 연습한다.

4단계) 의자 위, 테이블 위에 올라가 아래에 있는 청중을 바라보며 발표할 수 있게 연습한다.

5단계) 교실 사진을 붙여 놓고, 교실 안의 상황을 상상하며 발표 장소 적응 훈련을 해본다.

처음 장소를 옮겨 발표 할 때는 방금 전 완벽하게 발표한 것과 너무 다른 모습을 보일 수 있습니다. 놀라울 정도로 처음 연습하는 아이처럼 당황하고, 버벅거릴 수 있으나, 이는 자연스러운 현상이니 다그치지 마시고, 응원하는 눈빛으로 끝까지 지켜봐 주세요.

4) 경험부족으로 인한 발표 불안증 극복 처방전 4단계!
〈청중 시선 적응 훈련〉

'발표할 때 다른 사람하고 눈만 마주치면 멍해지면서 아무 생각이 안 나요.'

발표 불안증을 가진 친구들은 '청중의 시선'을 가장 부담스럽게 느낀다고 합니다. 그래서 발표를 할 때 '청중 시선 적응 훈련'이 꼭 필요하답니다. 그럼 청중 시선 적응 훈련을 함께 해 볼까요?

우리 아이 발표를 완벽하게 하는 '청중 시선 적응 훈련' 해보기
가족 시선 적응 훈련

1:1 연습

多:1 연습

1단계) 엄마와 1:1로 발표 연습

2단계) 엄마, 아빠와 2:1로 발표 연습

3단계) 점차 1명씩 청중을 늘려가며 청중 시선 적응 훈련하기

낯선 청중 시선 적응 훈련

낯선 청중 시선 적응 훈련 사진: 사진 붙이고 연습

1단계) 정면을 보고 있는 사람들의 사진을 출력한다.
2단계) 사진을 방 안 곳곳에 붙이고, 각 사진당 3초간 시선을 맞추는 연습을 한다.
3단계) 나의 발표문을 각 사진과 시선을 맞추며 발표한다.

(2) 발표 및 말하기 트라우마가 있는 경우 발표 불안증 탈출 코칭 비법

'친구들이 발표를 못하면 놀릴 것 같아.', '친구들이 내가 발표하면 웃을 것 같아.'라며 발표를 거부하는 친구들은 발표 트라우마가 있는 것은 아닌지 의심해 볼 필요가 있습니다. 앞서 언급한 것처럼 어른들이 보기에는 정말 작은 실패 경험이라도 아이에게는 큰 트라우마가 될 수 있기 때문이지요. 이렇게 트라우마로 인해 발표 불안증이 생긴 친구는 어떻게 코칭하면 좋을까요? 이런 경우는 단기에 좋아지길 바라기보다는 시간을 두고 천천히 트라우마가 완전히 극복될 수 있도록 코칭하는 것이 중요합니다.

1) 트라우마로 인한 발표 불안증 극복 처방전 1단계! 〈두려움 격파하기〉

아이에게 발표 트라우마가 있는 경우는 스피치의 기술을 알려주는 것보다 마음을 어루만져주는 것이 중요합니다. 이때 활용할 수 있는 것이 놀이 심리치료 방법의 일종인 '두려움 격파하기'입니다. 아이와 함께 발표를 하는데 있어 '두려움 요소와 나를 힘들게 하는 것'들을 모두 꺼내 적고, 그것을 격파하며 심리적 안정을 찾아가는 방법입니다.

트라우마로 인한 발표 두려움 격파하기

준비물: 신문지, 색연필

1단계) 먼저 신문지를 넓게 펼친 후 발표를 하는데 있어서 나를 힘들게 하는 것들을 떠올리며 적어보거나 그림을 그려본다.

> **Tip** 흰 종이보다 신문을 추천! 흰 종이는 소심한 아이에게 다 채워야 한다는 부담감과 자신의 약한 부분을 부끄러워하는 아이에게 거부감을 줄 수 있으므로 이미 많은 부분이 채워져 있는 신문지에 작성하는 것이 훨씬 효과적인 마음치료가 가능하답니다.

2단계) 엄마가 신문을 잡고, 격파해 본다.

2) 트라우마로 인한 발표 불안증 극복 처방전 2단계! 〈걱정인형 만들기〉

아이를 두렵게 하는 발표 요소들을 격파했다면 이제 아이가 발표를 할 때 긴장으로 집중되는 생각을 분산 시킬 수 있는 장치가 필요합니다. 아이가 긴장하면 발표 자세도 흐트러지고, 손을 어디에 둬야 할지 몰라 옷을 만지작거리는 경우가 많습니다. 또, 긴장이라는 감정에 집중하다 보면 발표 내용을 새하얗게 잊어버리게 되는 것이지요. 이럴 때 특효 처방전! 바로 '걱정인형'을 만드는 것입니다. 한 손에 들어갈 만한 작은 사이즈로 걱정인형을 만들어 양 손에 쥐고 발표할 수 있게 해보세요. 그러면 긴장에 집중하는 생각을 분산 시킬 수도 있고, 의지 할 구석도 생겨 아이의 긴장도를 낮춰주는데 효과적이랍니다.

그럼 함께 우리 아이의 발표 트라우마 극복을 위한 걱정인형을 만들어 볼까요?

트라우마로 인한 발표 불안증을 극복하는 걱정인형 만들기

준비물: 클레이, 이쑤시개 또는 나무젓가락

클레이로 걱정인형 만드는 사진

1단계) 클레이를 밀대로 납작하게 밀어 넓게 편다.

2단계) 넓게 편 클레이 위에 이쑤시개나 나무젓가락을 이용해 발표 시 나를 떨리게 하는 것들을 적어본다.

3단계) 글씨가 적힌 클레이를 뭉쳐 한 손에 들어갈 정도의 크기로 걱정인형 두 개를 만든다.

4단계) 인형을 굳힌다.

5단계) 걱정인형을 양손에 쥐고, 발표해 본다.

3) 트라우마로 인한 발표 불안증 극복 처방전 3단계!

〈발표 상황 상상하며 리허설〉

트라우마로 인해 생긴 발표 불안증이라면, 근본적 치료를 위해 트라우마가 벌어졌던 그 상황으로 돌아가 다시 한 번 발표를 해보면서 트라우마를 극복하는 훈련이 필요합니다. 눈을 감고, 그 때의 발표 내용과 발표 상황을 상상하며 다시 한 번 발표를 해 보는 것입니다. 발표 연습을 충분히 하고, 성공적인 발표를 한 후 다시 한 번 그 때 청중의 반응을 살펴보는 것이죠. 제대로 발표를 했기 때문에 모두 긍정적인 피드백을 줄 것이고, 발표 연습만 충분히 한다면 무서울 것이 없다는 것을 이 활동을 통해 알게 하면 발표 트라우마는 씻은 듯이 사라진답니다.

그럼 발표 상황 리허설을 함께 해볼까요?

트라우마로 인한 발표 불안증을 극복하는 발표 상황 리허설

발표 상황 리허설 사진

1단계) 그때의 발표 상황을 도화지에 그림으로 그려본다.
2단계) 그날 나의 발표문을 다시 한 번 작성하고, 연습해 본다.
3단계) 그림을 정면에 붙이고, 의자 위에 올라선다.
4단계) 그날의 상황을 상상하며 멋지게 발표하고, 나를 칭찬하는 사람들의 모습을 상상한다.

(3) 자존감이 낮은 아이 발표 불안증 탈출 코칭 비법

1) 발표 불안증을 가진 우리 아이 자존감 체크

　자존감이 낮은 친구는 발표뿐 아니라 학습력 및 사회성 부분에서도 소심하고, 자신감이 부족한 모습을 보입니다. 이런 친구들은 '난 잘하는 게 없어.'라는 생각을 가지고 있기 때문에 무언가에 도전하는 것을 힘들어 하는 경우가 많은데요. 이런 친구들의 발표력을 키워주려면 무엇보다 자신감의 근본이 되는 자존감을 세워주어야 합니다. 자존감이 기초가 되지 않으면 아무리 좋은 스피치 선생님이라도 발표 실력을 키워주는데 어려움이 있을 수 있습니다. 만약 우리 아이가 도전에 소극적이고, 매사에 자신감이 없어 한다면 우리 아이의 자존감을 체크해 보는 것이 중요합니다.

〈우리 아이 자존감 체크리스트〉

번호	질문	그렇다.	그렇지 않다.
1	스스로 잘하는 것이 많고, 자신감이 있다고 생각한다.		
2	새로운 환경에 적응을 잘한다.		
3	친구 사이에서 인기가 많다.		
4	선택을 할 때 주도적으로 하는 편이다.		
5	친구 사이에서 의견을 주도하는 편이다.		
6	실패를 두려워하지 않고, 도전한다.		
7	부정적인 평가를 받았을 때 실망하지 않고, 더 노력한다.		
8	자신의 모든 감정(긍정적 감정, 부정적 감정)을 잘 알고, 표현 할 줄 안다.		
9	부당한 대우를 받았을 때 자신의 기분을 정확하게 상대에게 전달 할 수 있다.		
10	부끄러움이 별로 없고, 새로운 것을 배울 때 적극적으로 임한다.		

결과	
9~10개	자존감이 높은 상태
6~8개	자존감이 낮아지지 않기 위해 노력해야하는 상태
5개 이하	자존감이 낮은 상태

2) 우리 아이 자존감 하락의 원인 파악

그러면 우리 아이의 자존감이 낮은 이유는 무엇일까요?

부모의 잘못된 양육 방식이 우리 아이 자존감을 낮춘다!!

"분명히 잘하는 것이 많은데 뭐든 자신 없어 해요."
"부끄러움이 많아서 나서지를 못해요."
"친구가 뭐라고 해도 참기만 해요."

스피치 교육센터를 찾는 친구들 중에 지능적으로나 다양한 방면에 놀라울 정도로 뛰어난 친구들이 많습니다. 지능이 높아 멘사 회원으로 등록되어 있는 친구, TV에서만 보던 한자를 술술 꾀고, 역사나 과학 지식을 인정받아 영재가 된 친구, 학교 성적이 전교 순위를 다투는 친구 등 어느 하나 부족한 것이 없는 친구들인 것이죠. 그런데 이런 똑똑한 친구들이 왜 스피치 교육센터를 찾을까요? 대부분의 영재 친구들이 우리 스피치 교육센터를 찾는 이유는 바로 스피치의 핵심 능력인 '자/신/감' 때문이었습니다.

이런 친구들을 상담하다 보면 '이 나이에 이런 것까지 알아? 정말 대단하다.'라는 생각이 들 정도로 뛰어난 지식과 재능을 가지고 있어 내담자가 보았을 때 자신감이 낮을 이유가 없는 친구들인데 의외로 자신감이 부족하고, 자존감이 낮은 경우가 많습니다. 그 이유를 자세히 들여다보니 부모의 양육방식이 거의 대부분의 원인이 되는 것을 알 수 있었습니다. 내 아이를 보며 한 번이라도 '분명히 잘하는 게 많은데 왜 저렇게 매사에 자신이 없지?'라고 느낀 적이 있는 부모라면 나의 양육 태도를 되돌아 볼 필요가 있습니다. 얼마 전 TV '영재 발굴단'을 촬영 중인 한 친구가 상담을 왔던 적이 있습니다. 이 친구는 현재 초등학교 1학년임에도 불구하고, 전공학과 대학 교수님과 이야기를 해도 본인이 잘 알고 있는 지식부분에 있어서는 자유롭게 대화가 될 정도로 뛰어난 지식을 가진 친구였습니다. 소위 영재라 함은 한 분야에서 굉장히 뛰어난 능력을 가진 사람이라는 생각이 들어 자신감이 넘치는 친구의 모습을 상상했지만 "넌 잘하는 것이 뭐니?"라는 질문에 "저 잘하는 거 없는데요."라며 시무룩해 하는 모습을 보고 깜짝 놀랐습니다. '분명 그 누구보다도 뛰어난 지식을 가지고 있는데 왜 이렇게 자신감이 없지?' 라고 생각하며 다른 영역을 테스트 하던 중 그 원인을 발견했습니다. 그 원인은 바로 부모님의 양육방식 때문이었는데요. 아이가 어릴 때부터 뛰어나다 보니 부모의 기대치가 높아지게 되고, 그렇다 보니 다른 아이들보다 뛰어나게 잘하는 것은 당연한 것이 되고, 혹여 실수를 하게 되면 큰 실망이 되어 아이에게 그대로 표현되었던 것이죠. 그러니 아이는 처음에는 즐겁게 시작한 공부가 현재는 부모와의 사이를 갈라놓는 스트레스 수단이 되어 버린 것이었습니다. 평소 잘하는 것이 많은 영재들도 이런 스트레스를 떠안고 살고 있는데 평범한 우리 아이들은 어떨까요?

우리 아이가 공부에 흥미가 없고, 자신감이 없어서 고민인 학부모님이라면 우리 아이에게 내가 기대한 만큼의 'OUTPUT'이 나오지 않았을 때, 부모로서 어떻게 자녀를 대했는지 평소 나의 양육방식을 다시 한 번 되돌아 볼 필요가 있습니다.

혹시 나의 양육 방식이 우리 아이의 자존감을 낮추는 원인이 되고 있지는 않을까 걱정이 되신다면 아래의 리스트를 보며 부모님의 양육 방식을 한 번 체크해 보세요.

〈부모 양육 방식 체크리스트〉

번호	질문	그렇다.	그렇지 않다.
1	아이의 잘못에 대해 일관성 있게 대처한다.		
2	아이가 잘못을 했을 경우 처벌하기보다는 아이의 감정을 공감해준다.		
3	아이가 스스로 일을 해낼 수 있도록 기회를 많이 준다.		
4	아이의 의견이나 생각을 끝까지 경청해준다.		
5	지금 바로 우리 아이의 장점을 10가지 이상 이야기할 수 있다.		
6	부모가 잘못을 한 경우 아이에게 사과하고 잘못을 인정한다.		
7	하루 중 아무 것도 하지 않고 오롯이 아이와 집중해서 이야기 하는 시간이 30분 이상 된다.		
8	아이가 잘했을 때 그냥 지나치지 않고 칭찬한다.		
9	부모의 자존감이 높은 편이다.		
10	아이에게 잔소리를 하기보다는 몸소 실천한다.		
결과			
8~10개	아이의 자존감을 키워주는 양육 방식		
6~7개	아이의 자존감을 낮출수있는양육 방식		
5개 이하	아이의 자존감이 낮아지는 양육 방식		

만약 양육방식 체크리스트에서 체크 사항이 5개 이하가 나왔다면 나의 양육방식에 대해 어떤 부분이 어떻게 잘못됐는지 돌아보고, 우리 아이의 행복을 위해 양육방식에 변화를 줄 필요가 있습니다.

3) 사회성 부족이 우리 아이의 자존감에 미치는 영향

"친구 사이에서 의견도 제대로 못 내고 당하기만 해요."
"단짝 친구가 없어요."
"친구 사귀는 건 곧 잘 하는데, 유지가 잘 안 돼요."
"학기 초에는 인기가 많았는데 점점 인기가 없어져요."

6~7세 이후부터는 가정 내의 자존감보다 사회적 자존감이 아이의 전체 자존감에 더 큰 영향을 미치는 경우가 많습니다. 이 시기는 아이들이 또래관계에 집중하는 시기이기 때문에 또래관계의 성공이나 실패가 우리 아이의 자존감에 크게 영향을 미치게 되는 것이지요. 우리 센터를 찾아온 2학년 여학생은 1학년 때까지 활발하고 굉장히 적극적인 친구였습니다. 하지만 2학년이 되고 1학기가 지나면서 점차 발표도 하지 않게 되고, 또래 사이에서 소극적인 모습을 보여 센터를 찾았는데요. 이 친구의 말하기와 심리상태를 점검해 보니 여자 친구들 사이의 관계에서 어려움을 가지고 있었습니다. 1학년 초반에는 적극적이고, 활발한 성격으로 친구들 사이에서 인기도 많고, 쉽게 친한 그룹을 만들기도 했는데요. 시간이 지날수록 공감 능력이 부족해 눈치 없는 행동을 하고, 문제 해결 능력이 부족해 친구 사이의 문제를 피하기만 했던 이 친구에게 불만이 생긴 다른 친구들에게 일명 '은따(은근한 따돌림)'를 당하게 되면서 자존감이 점차 낮아지게 되었습니다. 이제는 심지어 친구에게 말도 못 걸만큼 소심한 성격이 된 것이죠. 모든 아이들이 처음에는 친구를 사귀고 싶고, 인기가 많아지고 싶은 마음에 과감히 용기를 내어 상대에게 먼저 다가갑니다. 하지만 친구들에게 거절을 당하거나, 의견을 무시당하고 자신의 감정을 참고 표현하지 못하게

되면, 사회적 자존감이 점차 낮아지게 되면서 전반적인 자존감에도 영향을 끼치게 되는 것이지요. 게다가 아이가 이런 일로 속상해 하는 경우 부모의 대부분은 아이에게 충분한 공감을 해주고, 해결책을 찾을 수 있게 도와주기 보다는 "싫으면 싫다고 말하면 되는데 왜 말을 못해!"라고 윽박지르거나 "너도 똑같이 해!"라며 아이가 실천할 수 없는 해결책을 제시해 주는 경우가 많습니다. 그렇다 보면 아이는 '엄마를 실망시키면 어떡하지?', '엄마한테 혼나면 어떡하지?', '엄마한테 말했다가 일이 커지면 어떡하지?' 등의 고민을 하며 엄마에게 조차 자신의 감정과 생각을 이야기 할 수 없게 됩니다. 이렇게 또래 사이에서 지속적인 실패를 경험하게 되면 우리 아이는 자존감에 손상을 입게 되고, 아이는 말하기에 있어서도 자신감이 없고, 확신 없는 말하기를 하게 됩니다.

낮은 자존감으로 인한
발표 불안증 극복 처방전

1) 극복 처방전 1단계! 〈칭찬의 벽 만들기〉

여러분은 '로젠탈 효과'에 대해 알고 계시나요?

로젠탈 효과란 칭찬의 긍정적인 효과를 이야기 하는데요. 하버드대 심리학 교수였던 로버트 로젠탈 교수는 샌프란시스코의 한 초등학교에서 20%의 학생들을 무작위로 뽑아 "너희는 지능지수가 다른 친구들 보다 높으니 학기 말에 성적이 분명히 좋을 것이다."라고 말했다고 합니다. 그렇게 8개월 후 놀라운 일이 벌어집니다. 실제로 그 20%의 학생들이 8개월 후 다른 학생들보다 평균 점수가 월등히 높았는데요. 이것이 바로 긍정적 칭찬의 힘, 로젠탈 효과입니다.

이렇게 우리 아이를 변화시키는 강력한 힘인 칭찬, 그럼 부모님들은 평소에 우리 아이를 얼마나 칭찬하고 계시나요? 지금까지 수많은 테스트를 진행해본 결과 부모의 칭찬이 자존감에 굉장히 큰 영향을 미치는 결과를 얻을 수 있었습니다.

우리 아이가 계속 자신감 없이 행동한다면, 매사에 도전을 두려워한다면 이번 처방전을 꼭 실천해 보세요. 일주일만 꾸준히 해 주셔도 달라지는 우리 아이의 모습을 발견할 수 있으실 것입니다.

'칭찬의 벽 만들기' 놀이 효과

'칭찬의 벽 만들기'는 '나는 잘하는 게 없어.'라고 느끼는 아이에게 자신감을 키워주는 효과적인 방법입니다. 내 아이에게 "넌 뭘 잘해?" 라고 물었을 때 3개 이하의 대답이나 "나 잘하는 거 없어." 라는 대답이 나올 경우 '칭찬의 벽 만들기'놀이가 그 해답이 될 수 있습니다.

'칭찬의 벽 만들기'는 부모가 아이와 함께 우리 아이의 장점을 찾아 집 안에 가장 잘 보이는 벽 한 면을 꾸며 봄으로써 아이 스스로 내가 할 수 있는 것을 찾을 수 있는 생각하는 힘을 갖게 해 주고, 내가 잘하는 것이 많다는 것을 눈으로 확인할 수 있게 해 주는 효과적인 칭찬방법이라고 할 수 있습니다. 또한, '칭찬의 벽 만들기'를 통해 내 아이 칭찬에 서툰 부모들도 내 아이의 장점을 좀 더 쉽게 찾을 수 있는 계기가 될 수 있을 것입니다.

칭찬의 벽 만들기

- 재료 준비: 전지, 포스트 잇, 매직

칭찬의 벽 만들기

1) 전지를 바닥이나 벽에 펴 놓고, 맨 위에 '○○이의 칭찬의 벽'이라는 글씨를 쓴다.
2) 여러 모양의 포스트잇에 가족이 돌아가며 아이의 칭찬을 작성한다.
3) 내가 잘하는 것을 보며 "나는 잘하는 것이 많다."고 스스로 선언해 본다.

'칭찬의 벽 만들기' 놀이 방법

1) 매일 시간을 정해 칭찬의 벽 앞에 온 가족이 모인다.
2) 오늘 우리 아이가 칭찬받고 싶은 일 한 가지를 가족 앞에서 이야기한다.
3) 온 가족은 돌아가면 아이를 칭찬해준다.
4) 이번엔 가족이 오늘 하루 동안 우리 아이를 칭찬해 주고 싶었던 일을 포스트잇에 쓰고, 벽에 붙인 뒤 가족들 앞에서 이야기한다.

> **Tip** 칭찬을 할 때는 아이가 스스로 할 수 있는 것, 아이가 용기 있게 도전했던 일들 등 작은 칭찬을 해 주는 것이 좋습니다. 이렇게 우리 아이를 칭찬하다 보면 부모 역시 '우리 아이가 잘하는 게 뭐지?'를 생각하면서 아이의 단점보다 장점을 먼저 생각할 수 있는 눈을 가지게 되어 자연스럽게 칭찬을 실천할 수 있게 됩니다.

'칭찬의 벽 만들기' 숨은 놀이 효과

아이가 스스로 '나는 생각을 잘해, 나는 양보를 잘해, 운동도 잘하지.' 하며 매일 잘하는 것을 떠올리는 아이는 어떤 과제가 주어졌을 때 '이것도 잘 해낼 수 있겠지?' 라는 자아에 대한 긍정적 피드백을 할 수 있지만 '난 이것도 못해. 난 잘하는 게 없어.'라고 생각하는 아이는 새로운 과제를 주었을 때 '이것도 못하면 어떡하지? 사람들에게 놀림거리만 될 거야. 난 할 수 없을 거야.' 등 자아에 대해 부정적인 생각을 갖고, 도전을 두려워하게 됩니다. 그래서 나를 칭찬하는 활동은 아이들의 자존감에 있어서 굉장히 중요한 역할을 하는 것입니다.

'칭찬의 벽'을 통해 칭찬은 다른 사람에게 받기만 하는 것이 아니라, 스스로도 할 수 있고, 내가 다른 사람을 칭찬 할 수도 있다는 것을 느낄 수 있으며, 자신이 스스로를 칭찬하는 것이 얼마나 중요한 것이고 꼭 필요한 것인지를 느낄 수 있습니다.

또, 칭찬은 남을 기준으로 나를 평가하는 것이 아니라 과거의 나와 현재의 나를 비교해 더 나아진 점에 대해 하는 것임을 배울 수 있는데요. 이를 통해 다른 사람의 기준으로 나를 평가하는 것이 아니라 나의 기준으로 나를 평가할 수 있는 눈을 가질 수 있는 효과까지 얻을 수 있어 자존감을 향상시키는 데 좋은 밑거름이 될 수 있습니다. 그리고 이 활동을 하면서 중요한 것은 어떠한 작은 일이라도 혼자 해낼 수 있는 일이라면 그것은 칭찬거리가 될 수 있는 것이라는 것을 알려주면, 작은 일이라도 혼자 해내는 즐거움과 뿌듯함을 느낄 수 있기에, 도전에 대한 두려움이 축소시킬 수 있습니다.

2) 극복 처방전 2단계! 〈왕 되어 보기〉

왕 되어 보기는 자신감이 부족한 아이에게 자신감을 키워주는 효과적인 놀이방법이라고 할 수 있습니다. 자신감이 부족한 아이들은 대부분 평소 자신의 의견이나 생각, 감정을 잘 표현하지 않습니다. 혹시나 자신의 생각이나 의견을 말했다가 친구에게 거절당할 수도 있고, 오히려 자신이 공격받을 상황이 될 수도 있다는 두려움을 가지고 있기 때문이지요. 그렇기 때문에 자신감이 부족한 아이의 경우 자기 주장을 내세우지 않고, 다른 사람의 의견대로 따르거나 참는 것입니다. 매일 자신의 생각이나 감정을 참고, 다른 사람에게 끌려만 다니는 아이는 친구 사이나 학교생활에 흥미를 느끼지 못하고, 자존감도 낮고, 의욕도 없는 아이가 될 수도 있습니다.

'왕 되어보기' 놀이 효과

자존감이 낮고, 자신감이 없는 아이에게는 '왕 되어 보기' 스피치 게임을 강력 추천합니다. 왕관을 씌워주고, 왕이 되어 보면서 다른 사람들이 내 의견을 존중해 주고, 내 의견대로 했을 때의 기쁨을 느끼게 해 줄 수 있음은 물론, 평소 나보다 더 크게 느낀 부모님들과 형제들이 내 말을 듣고, 내가 지시한 대로 따르고, 존댓말을 쓰며 놀이를 하다 보면 '아~ 나보다 강한 사람들도 내 의견에 따를 수 있는 거구나. 그것이 이렇게 재미있는 것이구나.'를 알게 되어 자연스럽게 자신감이 커지게 됩니다. 오늘 아이가 밖에서 친구들에게 눌려 시무룩한 모습을 보인다면 바로 왕 되어 보기 게임을 해보면 어떨까요? 아이의 자존감, 자신감은 물론, 목소리를 크게 내는 발성연습의 효과도 볼 수 있을 것입니다.

왕관 만들기

- 재료준비: 부직포나 색지, 가위, 테이프

만들기 사진

1) 부직포나 색지에 [별첨1]도안을 따라 그린다. (아이 머리 크기에 맞게 3~4개를 연결해서 그린다.)
2) 그려진 도안대로 가위를 이용해 오린다.
3) 오려진 왕관 조각을 머리의 크기에 맞게 조절한 후 테이프로 고정한다.
4) 왕관에 장식 할 모양을 색종이를 이용해 다양하게 오린다.
5) 장식 색종이에 나에게 힘을 주는 '용기의 말'을 적는다.

'왕 되어보기' 놀이 방법

1) 왕관을 쓰고, 높은 곳에 올라간다.
2) 왕처럼 워킹을 하고, 신하들과 인사한다.
3) 신하에게 내가 시키고 싶은 것을 왕 목소리로 이야기해 본다.

예시 대본)
왕 : 이리 오너라~ 거기 누구 없느냐?
신하 : 예이~ 부르셨사옵니까?
왕 : 내가 좀 심심하니 게임기를 가져오너라.
신하 : 예이~ 알겠사옵니다.

'왕 되어 보기'에 숨은 놀이 효과

왕 되어 보기는 자신감을 키워줌과 동시에 발성 훈련까지 가능한 놀이입니다.

놀이를 시작하기 전 아이에게 "지금부터 네가 왕이야. 우리 집은 궁궐이고, 그런데 궁궐은 클까 작을까? 맞아~ 궁궐은 엄~청 넓고, 커. 그렇기 때문에 궁궐에서 신하를 부를 때는 짧고, 작게 '이리 오너라.' 하면 들릴까, 안 들릴까? 맞아~ 작게 얘기하면 아무리 말해도 신하가 오지 않아. 그렇기 때문에 왕 놀이를 할 때는 크게 '이~리~오~너~라.' 해야 신하가 들을 수 있다는 사실 잊으면 안 돼."라고 궁궐의 크기와 넓이를 상상하게 하고, 그에 맞는 목소리 크기와 발성법을 알려주면 아이가 자신도 모르게 크고 긴 복식호흡 발성을 하게 되는 효과를 얻을 수 있습니다.

게임으로 놀면서 자신감도 키우고, 목소리도 키울 수 있는 두 가지 효과를 느껴보세요.

3) 극복 처방전 3단계! 〈감정 맞추기 게임〉

자존감이 낮은 친구들은 대체로 자신의 생각이나 감정을 제대로 표현하지 못하는 경우가 많습니다. 친구가 나를 때렸을 때, 친구가 내 물건을 가져갔을 때 아무 말도 하지 못한다면 우리 아이의 마음이 어떨까요? 그때 제대로 아이에게 공감해주고, 아이의 감정을 읽어 주지 못한다면 우리 아이는 또래 관계를 실패로 여기게 되고, 자존감 역시 바닥으로 추락할 수밖에 없습니다. 또, 이런 상태가 오래 지속되면 아이는 내가 지금 화가 난 것인지, 슬픈 것인지조차 구분하지 못하게 되고, 기쁨조차 덤덤하게 느끼게 되는 감정에 무딘 아이가 되고, 심하면 소아 우울증까지 겪게 될 수 있는 것이죠. 그만큼 감정은 우리 아이의 자존감의 건강에 중요한 역할을 한다고 볼 수 있습니다. 우리 아이가 자기표현을 잘 못하고, 참기만 한다면 우리 아이와 함께 감정 맞추기 게임을 해보시기를 추천합니다.

'감정 맞추기 게임' 놀이 효과

 * 놀이 효과: 보통 자기표현을 안 하고, 감정 표현을 못하는 아이의 경우 말하지 않아도 자신의 감정이나 생각을 읽어주길 바라는 경우가 많습니다. 하지만 말을 하지 않고, 표현을 하지 않는 아이의 감정과 생각을 읽는 일이란 쉽지 않죠. 이 때 필요한 것이 바로 감정 맞추기 게임입니다.

 아이에게 한 가지 감정을 설명하게 하면서 우리 아이가 언제 그 감정을 느끼는 지도 알 수 있고, 엄마가 아이가 설명한 감정의 답을 맞히면서 아이는 엄마가 내 마음과 감정을 알아준다는 공감의 효과도 줄 수 있어 좋습니다.

감정카드 만들기

- 재료준비: 감정을 나타내는 표정 프린트, 두꺼운 종이, 풀, 가위

만들기 사진

1) 감정을 나타내는 다양한 표정 사진을 프린트 한다.
2) 두꺼운 종이에 프린트한 사진을 붙여 감정카드를 만든다.

'감정 맞추기 게임' 놀이 방법

놀이 사진

1) 아이가 감정카드를 한 장 뽑은 후 그 감정에 대해 설명한다.
2) 엄마는 아이의 설명을 들은 후 해당 감정이 무엇인지 맞춰본다.
3) 반대로 엄마가 아이에게 감정을 설명한 후 아이가 맞추게 해 누가 더 상대의 감정을 잘 맞추는지 점수를 매겨 본다.

'감정 맞추기 게임'에 숨은 놀이 효과

'인사이드 아웃'이라는 영화가 화제가 되었었죠? 아이들뿐 아니라 어른들에게도 우리의 감정에 대해 많은 것을 느끼고 생각하게 하는 영화였는데요. 실제로 우리의 마음속에는 다양한 감정이 존재하고, 나이가 들면 들수록 감정이 분화되면서 더 다양한 감정을 느끼게 됩니다.

하지만 대부분의 아이들은 유치원이나 학교에서 부정적인 감정 표현, 즉, 슬픔이나 화를 상대에게 표현하는 것은 옳지 않다고 배우기 때문에 내가 느낀 부정적인 감정은 상대에게 표현하지 않고 참는 경우가 많습니다. 그렇게 감정을 참고 표현하지 않다 보면 그 감정이 폭발해 작은 일에도 욱하는 성격을 만들기도 하고, 어떤 일에도 감흥을 느끼지 못하는 우울감에 빠진 아이가 되기도 합니다. 그렇기 때문에 우리 아이들에게 부정적 감정을 표현하는 것이 나쁜 것이 아니라는 것을 알게 해주고, 자신의 감정을 제대로 표현하는 방법을 알려주는 것이 중요합니다. 이 게임을 통해 내가 언제 그런 감정을 느끼는지 매칭을 시켜 보기도 하고, 내 감정을 솔직하게 인정하고, 말로 표현해 보기도 하면서 아이는 그동안 표현하지 못했던 감정을 표현해보는 희열을 느끼기도 하고, 감정을 솔직하게 표현하는 것이 나쁜 것이 아니라는 것도 느끼게 되며, 상대방이 나의 감정을 맞추게 되면 내 감정을 공감 받는 느낌이 들어 자존감이 자연스럽게 향상될 수 있습니다.

우리 아이가 자기표현을 잘 못하고, 매일 참기만 한다면 감정 맞추기 게임으로 아이의 감정을 들여다보세요. 그러면 한 걸음 더 우리 아이의 생각과 감정에 다가가실 수 있을 것입니다.

3교시
발표 자신감을 키우는 스피치 비법

말 할 때 숨차 하는 우리 아이, 복식호흡 코칭 절대 비법

〈우리 아이 호흡 / 발성 체크리스트〉

번호	질문	그렇다.	그렇지 않다.
1	말을 할 때 숨소리가 많이 들린다.		
2	말을 할 때 숨이 찬 듯하다.		
3	목소리가 작다.		
4	말이 빠르다.		
5	목이 자주 쉰다.		
6	발음이 뭉개진다.		
7	말할 때 콧소리가 많이 난다.		
8	글을 읽을 때 끊어 읽는 것을 힘들어 한다.		
결과			
5~8개가 해당되는 경우	호흡/발성 전문적인 코칭이 필요한 상태		
2~4개가 해당되는 경우	호흡/발성의 문제로 불편함을 느끼는 상태		
1개 이하	호흡/발성의 문제로 불편함을 거의 느끼지 못하는 상태		

(1) 잘못된 호흡법! 숨 차는 말하기의 원인!

"우리 아이는 목소리가 작아요."
"말이 너무 빠르고, 발음이 뭉개져서 무슨 말인지 잘 모르겠어요."
"발표할 때 숨 차하고, 숨소리가 많이 들려요."

우리 아이가 이런 특성을 보인다면 우리 아이의 호흡을 체크해 보세요. 증상은 아이들마다 경중의 차이가 있지만, 이런 모든 증상은 아이가 말을 할 때 잘못된 호흡과 발성을 하고 있기 때문입니다. 그럼 우리 아이의 호흡을 체크해볼까요?

우리 아이 호흡 체크법

호흡 체크 사진
한 손 가슴에 한 손 배에 대고 있는 모습

복식호흡 체크 3단계

1단계) 먼저 두 손을 준비한다.
2단계) 한 손은 가슴에 한 손은 배에 댄다.
3단계) 숨을 크게 3~5번 쉬어본다.

아이에게 이렇게 미션을 주고, 아이를 관찰해 봅시다. 가슴에 댄 손과 어깨가 위로 움직인다면 그 아이는 지금 '흉식호흡'을 하고 있는 것입니다. 배에 댄 손이 움직인다면 '복식호흡'을 하고 있는 것이죠. 간혹 두 손이 다 반응을 보이는 친구가 있는데 이 경우는 복식호흡에 대한 방법과 규칙만 습득하면 쉽게 복식호흡을 숙지할 수 있답니다. 그럼 복식호흡이 스피치에서 왜 중요한지 어떤 도움이 되는 지 지금부터 알아볼까요?

(2) 안정적인 말하기를 위한 복식호흡 연습!

복식호흡은 말 그대로 배로 숨 쉬는 호흡을 뜻합니다. 막 태어난 아이들의 잠자는 모습을 보면 호흡을 할 때 자연스럽게 배가 오르내리는 것을 볼 수 있는데요. 우리는 태어나면서부터 자연적으로 배로 숨을 쉬는 복식호흡을 합니다. 하지만 걷기 시작하면서부터 가슴으로 숨을 쉬는 것이 편해지기 때문에 흉식호흡을 하게 되고, 그러면서 배로 숨 쉬는 방법을 점차 잊게 되는 것입니다.
그렇다면 스피치에서 복식호흡의 장점은 무엇일까요?

복식호흡의 첫 번째 장점은 긴장을 완화시키고, 정신 집중을 돕는 효과가 있다는 점입니다. 그래서 직접적으로 호흡을 사용하는 스피치와 성악뿐 아니라, 직접적으로 호흡을 사용하지 않는 요가나 단전호흡 등의 운동에서도 복식호흡의 중요성을 계속 이야기하는 것입니다. 스피치를 할 때 무대 공포증 또는 발표 불안증이 있거나, 가슴이 뛰고 손에 식은땀이 난다면, 복식호흡이 그 순간을 극복하는 가장 기본적이면서도 강력한 방법 일 수 있습니다. 사람의 몸은 긴장이 되면 심장 박동이 빨라지면서 호흡이 가빠지게 되는데요. 이 순간 복식호흡으로 가빠진 숨을 안정시키면 몸이 이완되면서 긴장을 덜 느끼게 됩니다. 따라서 긴장된 순간에 복식호흡을 하면 효과적으로 긴장을 완화시키고 정신집중을 도울 수 있습니다.

복식호흡의 두 번째 장점은 복식호흡이 좋은 목소리, 신뢰 있는 목소리의 기본이 된다는 것입니다. 얼마 전 한 오디션 프로그램에서 가수 박진영의 "공기 반, 소리 반으로 노래해라."라고 이야기해 화제가 되었는데요. 대부분의 가수 지망생들은 쉬운 흉식호흡으로 노래를 합니다. 하지만 흉식호흡으로 노래를 하면 당장은 쉽고, 편할지 모르지만 목소리가 가벼워 보이고, 전달력이 부족해지며 듣는 사람의 귀가 금방 피곤해질 수 있습니다. 말하기 또한 마찬가지입니다. 공기를 담지 않고 말하는 소리는 앵앵거리고, 오래 들으면 귀가 피곤한 소리가 되는 반면, 공기를 담아 말하는 소리는 깊고, 호소력 짙은 목소리가 되어 사람들의 마음을 움직이는 소리가 될 수 있습니다. 이렇게 공기 반, 소리 반으로 말을 하려면 무엇보다 한 번 숨을 들이 마실 때 많은 양을 들이 마실 수 있어야 하고, 그렇게 마신 숨을 오래 가둬두고 있을 수 있어야 하는데요. 그렇게 하기 위해 꼭 필요한 것이 바로 복식호흡입니다.

흉식호흡과 복식호흡 호흡량의 차이 사진

　흉식호흡을 하면 코부터 가슴까지만 숨을 가둘 수 없기 때문에 말을 하다 금방 숨이 차고 말하는 중간에 여러 번 숨을 들이마셔야 하기 때문에 말의 흐름을 효과적으로 끌고 나갈 수 없는 경우가 많습니다. 하지만 복식호흡은 코부터 배까지 깊숙이 숨을 가둬둘 수 있기 때문에 말에 안정적인 느낌을 주는 것은 물론, 내가 강조하고 싶은 부분에서는 숨을 짧고, 세게 내보내 나의 말을 강조할 수도 있고, 부정적인 감정을 표현할 때는 호흡을 길고, 약하게 내보내 슬픈 감정을 표현할 수 있게 하여 말의 전달력과 설득력을 높일 수 있게 되는 것이죠.

　복식호흡의 세 번째 장점은 말의 속도 조절 능력을 향상시켜 준다는 것입니다. 말이 너무 빠르다는 지적을 많이 받는 사람의 경우, 그 원인이 짧은 호흡 때문인 경우가 많습니다. 앞서 말한 것처럼 흉식호흡을 하면 복식호흡에 비해 가둘 수 있는 호흡량이 30%정도 적은데요. 한정된 호흡 안에서 많은 말을 하게 되는 경우, 말의 속도가 빨라지게 됩니다. 이렇게 말이 빨라지면 동반적으로 발음도 무너지게 되고, 전달력 또한 떨어지게 되니 스피치에 있어서 복식호흡은 기본 중의 기본이라고 할 수 있습니다.

그렇다면 스피치의 기본인 복식호흡을 어떻게 하면 효과적으로 배울 수 있는 지 알아볼까요?

(3) 복식호흡 절대 비법

1) 매트호흡으로 복식호흡의 감을 잡아라!

이제까지 흉식호흡을 해 온 사람이 한순간에 복식호흡으로 호흡법을 바꾸는 것은 쉽지 않습니다. 하물며 어른도 어려운데 아이들은 어떨까요? 복식호흡법을 말로 여러 번 설명하는 것도 좋지만 우리 아이들은 몸을 움직여 스스로 복식호흡이 무엇인지 느끼게 해줘야 습득이 쉬워집니다. 아이들이 복식호흡이 무엇인지 이해를 어려워한다면 매트에 누워 복식호흡을 연습하는 '매트 호흡 연습법'을 추천합니다. 사람들은 보통 걸을 때는 흉식호흡을 하지만 편한 자세나 누워 있을 때는 자연스럽게 복식호흡을 하게 됩니다. 그렇기 때문에 복식호흡을 말로 여러 번 설명하는 것보다 매트에 누워 게임을 하며 아이들이 직접 몸으로 복식호흡을 느낄 수 있도록 하면 훨씬 쉽게 복식호흡의 개념과 방법을 터득할 수 있습니다.

그럼 함께 매트호흡법을 배워 볼까요?

매트호흡 방법

매트호흡 사진

1단계) 바른 자세로 매트에 눕는다.

2단계) 숨을 코로 들이마시고, 입으로 내쉰다.

3단계) 배의 움직임을 손을 대고 느껴 본다.

4단계) 배에 책이나 물건을 올려주어 내 배가 움직이고 있음을 눈으로 확인시켜준다.

5단계) 누워서 책을 읽거나 대화를 함으로써 복식호흡의 느낌을 익힌다.

이렇게 복식호흡의 느낌을 익히고, 지속적으로 복식호흡법을 연습하다 보면 복식호흡이 빠르게 체화됨을 느낄 수 있을 것입니다.

복식호흡을 전 바른 자세는 필수!!
복식호흡에 있어서 자세를 잡는 것은 굉장히 중요합니다. 왜냐하면 어떤 자세를 취하느냐에 따라 숨을 얼마나 가둘 수 있는지가 결정되기 때문인데요. 그럼 복식호흡을 트레이닝 하기 전 자세 교정을 연습해 볼까요?

자세 교정 방법

자세 교정 사진

1단계) 등을 벽에 기대고, 발뒤꿈치부터 어깨, 머리까지 벽에 붙이고 선다.
2단계) 다리는 어깨 넓이 정도 벌리고, 양 발에 고르게 체중을 싣는다.
3단계) "어깨를 올렸다, 내렸다."를 반복하며 몸의 긴장과 이완 되는 느낌의 차이를 느껴본다.

복식호흡에 익숙하지 않으면 온몸에 힘을 잔뜩 주고, 어깨를 잔뜩 올린 채 목에 힘을 주어 말하는 실수를 범하기 쉽습니다. 그렇기 때문에 먼저 어깨를 올리고, 내리고를 반복하며 내 몸의 긴장과 이완을 느껴 보고, 이완된 몸의 상태를 기억하게 하는 것이 중요합니다.

2) 복식호흡의 규칙을 기억하라!
복식호흡을 알려주면 간혹 코와 입 중 한 방향으로만 숨을 들이쉬고 내쉬는 친구들이 많습니다. 또한, 복식호흡은 숨을 들이 쉴 때 배가 나오고, 숨을 내쉴 때 배가 쑥 들어가야 하는데 흉식호흡이 익숙한 친구들은 이 규칙을 반대로 생각하는 경우가 많아 복식호흡을 익히기 전 먼저 복식호흡의 규칙을 알려주는 것이 중요합니다.

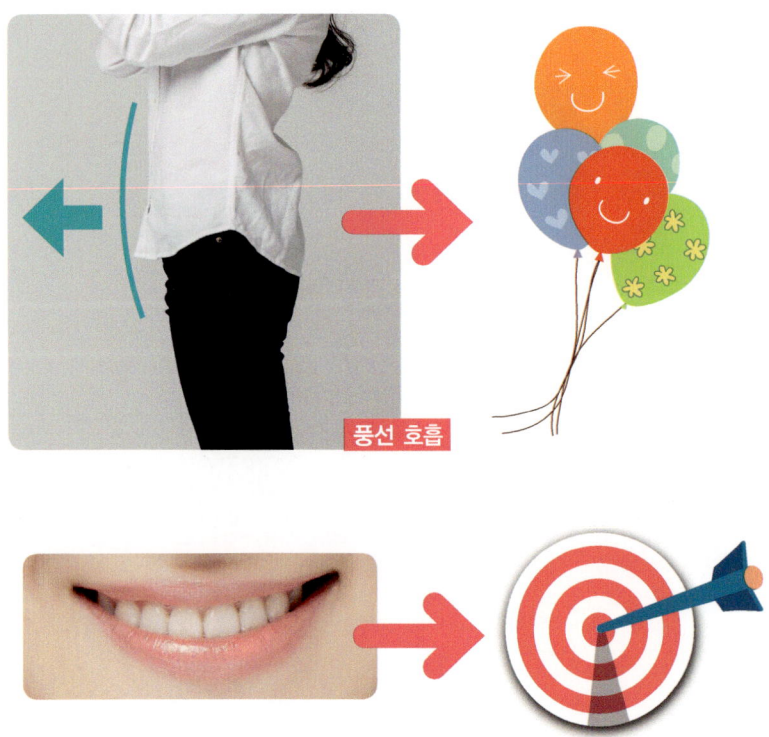

풍선호흡 규칙: 내 배는 풍선이고, 숨을 배에 불어넣으면 배가 볼록해지고, 숨을 배에서 빼내면 홀쭉해진다는 것을 꼭 기억하며 호흡연습을 해 보세요.

복식호흡 연습

먼저, 복식호흡을 통해 숨을 늘이는 연습부터 시작합니다.

호흡 늘이기

1단계) 코로 숨들이 마시기 3초, 입으로 내쉬기 6초
2단계) 코로 숨들이 마시기 3초, 입으로 내쉬기 9초
3단계) 코로 숨들이 마시기 3초, 입으로 내쉬기 12초

배의 움직임과 복식호흡의 규칙을 생각하면서 연습해 볼까요?
어느 정도 복식호흡이 익숙해지면, 앉아서도, 누워서도, 서서도 복식호흡이 될 수 있도록 자세를 바꿔가며 꾸준히 연습해 보세요.

(4) 놀이로 배우는 신나는 복식호흡

풍선을 활용한 복식호흡 게임

앞서 풍선으로 복식호흡을 알려주었기 때문에 풍선으로 복식호흡 게임을 하면 복식호흡에 대한 이해가 더 효과적일 수 있겠죠?
그럼 재미있게 배우는 신나는 풍선 복식호흡 게임을 배워볼까요?

풍선 복식 게임 방법

풍선 복식 호흡 게임 사진

준비물: 풍선

게임의 목표: 나의 호흡량을 눈으로 확인하고, 호흡량을 늘려간다.

1단계) 풍선을 평소 부는 방식대로 최대한 크게 불고, 바람을 뺀다.

> **Tip** 아이들은 아직 어려서 또는 풍선이 너무 질겨서 풍선불기를 어려워하는 경우가 많아 풍선을 손으로 최대한 늘려서 부는 것이 좋다.

2단계) 코로 숨을 3초간 들이 마시고, 한 숨으로 최대한 크게 풍선을 분다.
3단계) 서로 풍선의 크기를 비교해보며 자신의 호흡량을 관찰한다.
4단계) 풍선을 날리며 나의 호흡량과 힘을 느껴본다. 가장 멀리 풍선을 날린 친구가 승리!

이 게임에서 가장 중요한 것은 2단계에서 풍선을 불 때 한 숨으로만 부는 것인데요. 그래야지 아이들이 자신의 호흡을 눈으로 확인할 수 있고, 게임이 반복될 때마다 호흡량이 점차 늘어가는 것을 느낄 수 있습니다.

(5) 복식호흡이 잘 되지 않는 경우

복식호흡은 복근이 움직이며 하는 호흡인데 배에 힘이 부족한 친구의 경우 복식호흡이 짧거나 제대로 이루어 지지 않는 경우가 많습니다.
그럴 경우 이렇게 연습해 보세요.

잠수호흡

잠수호흡 사진

1단계) 다리를 어깨 넓이로 벌리고, 아랫배에 손을 얹은 상태로 숨을 깊게 들이 마신다.
2단계) 허리를 서서히 직각으로 숙이면서 천천히 호흡을 내뱉는다.
3단계) 완전히 숙였을 때 잠시 호흡을 멈춘다.
4단계) 다시 올라오며 호흡을 서서히 뺀다.

잠수호흡 연습법은 인위적으로 복식호흡의 느낌을 아이 스스로 알 수 있도록 연습시키는 방법입니다. 이것을 반복하다 보면 허리를 펴고, 굽히는 동작으로 인해 숨을 들이 마실 때 배가 나오고, 숨을 내쉴 때 배가 들어가는 느낌을 자연스럽게 습득할 수 있습니다.

⚠️ 스피치 고수의 복식호흡 TIP!

Q. 복식호흡이 잘 안 되는데 어떻게 하죠?

A. 첫 술에 배부를 수는 없습니다. 복식호흡은 우리 어른들도 체득하기가 쉽지 않습니다. 이미 흉식호흡에 익숙해져 있다면 말이죠. 그렇기 때문에 복식호흡을 체득하기 위해서는 정확한 방법 습득과 꾸준한 연습이 중요한 것입니다. 매트호흡을 통해 복식호흡의 개념을 알고, 방법을 익힌 후 꾸준한 연습을 해야 스피치의 기본이 되는 복식호흡을 습득할 수 있습니다.

간혹 복식호흡이 잘 안 되는 친구들 중에는 배에 힘이 부족한 것이 그 원인이 되는 경우가 있습니다. 아이의 배 풍선을 부풀리고, 배 풍선의 크기를 키우려면 배에 힘이 필요합니다. 그래야 호흡을 담아둘 수도 있고, 크게 말할 때는 한 번에 호흡을 많이 내보내기도 하고, 작게 말할 때는 호흡을 적게 내보내기도 할 수 있기 때문입니다. 이런 경우 윗몸 일으키기 등의 복근 운동을 통해 배에 근력을 키워주면, 호흡을 오래 담아둘 수 있는 힘이 생길 수 있는데요.

배의 힘을 키워줄 수 있는 가장 단순하면서도 확실한 방법! 윗몸 일으키기 호흡법을 함께 배워볼까요?

> 윗몸일으키기 호흡법

윗몸일으키기 호흡 사진

1) 윗몸 일으키기를 하며 배의 힘을 기른다.
2) 반듯하게 누웠을 때 숨을 들이마시고, 윗몸을 일으켰을 때 숨을 내쉬며 배의 움직임을 몸으로 익히고, 배의 근력을 키운다.

지금까지 복식호흡까지 스피치 기본 중의 기본인 복식호흡에 대해 배워 보았는데요. 방송을 하는 사람이나 강사들도 3~4일만 복식 호흡 연습을 안 하면 감을 잃는 경우가 많습니다. 즉, 복식호흡을 마스터 하는 방법은 '꾸준한 연습'뿐인 것이죠. 어린이의 경우도 마찬가지입니다. 단순히 개념 이해에서 끝나는 것이 아니라 아이들 몸에 이것이 익숙해질 수 있도록 지속적인 반복과 연습이 중요합니다. 그러나 아이들은 같은 것을 반복할 경우 쉽게 싫증을 느끼고, 그 수업에 흥미를 잃을 수 있으므로 앞서 소개한 게임으로 다양하게 반복하며 학습시켜 주시면 좋습니다.

목소리가 작은 우리 아이를 위한 스피치 놀이법

〈우리 아이 발성 진단〉

번호	질문	그렇다.	그렇지 않다.
1	말을 할 때 목소리가 기어들어 간다.		
2	말끝을 흐린다.		
3	소리를 먹는 발성을 한다.		
4	말을 할 때 콧소리가 많이 난다.		
5	아기 같이 말한다.		
6	쉰 목소리가 난다.		
7	목소리 조절을 잘못한다.		
결과			
5~7개가 해당되는 경우	호흡/발성 전문가의 진단이 필요한 상태		
2~4개가 해당되는 경우	먹는 발성으로 전달력이 떨어지는 상태		
1개 이하	약간의 발성 코칭이 필요한 상태		

(1) 잘못된 발성! 작은 목소리/나쁜 목소리의 원인!

"공개수업 할 때 우리 아이 목소리는 하나도 안 들리더라고요."
"말할 때 자신감이 없어서 그런지 말끝을 계속 흐려서 되묻게 되는 경우가 많아요."

"말은 크게 하는 데 발음이 안 좋아서 그런 지 무슨 말을 하는지 하나도 모르겠어요."

어린이 스피치 학원을 찾는 친구들의 대다수는 목소리가 작은 것이 고민인 경우가 많습니다. 목소리가 작은 것은 자신감의 문제일 수도 있지만 잘못된 발성이 그 원인인 경우도 많은데요. 잘못된 발성으로 인해 소리를 내면 제대로 된 발성을 하는 사람보다 힘은 두 배로 소모가 되지만 목소리는 제대로 된 발성을 하는 사람보다 작고, 힘없이 나옵니다. 같은 내용을 말하더라도 목소리가 작고, 힘이 없으면 나의 생각이나 의견에 자신이 없어 보이고, 그렇다 보면 말의 전달력이나 말의 신뢰감이 떨어지기 때문에 발성연습이 꼭 필요합니다.

그 외에도 목소리 고민이 있는 아이들이 많습니다. 예를 들어 목소리는 너무 큰데 목소리 크기 조절이 안 돼서 선생님이나 부모님께 주의를 많이 받는 아이, 조금만 소리를 질러도 목이 자주 쉬는 아이, 비염으로 인해 콧소리가 많이 나서 발음이 잘 안 들리는 아이, 어린 아이 같이 말하는 아이까지 다양한 고민들이 있는데요. 이렇게 복잡하고, 다양한 스피치 증상의 처방은 의외로 간단합니다. 바로 '발성 교정'인데요. 지금의 잘못된 발성만 고치면 이 모든 고민이 한 번에 해결될 수 있습니다.

올바른 발성을 하기 위해서는 복식호흡을 통해 들어온 공기가 성대를 양 옆으로 밀어내는 원리로 소리를 내야 합니다. 이렇게 해야지만 "공기 반, 소리 반" 즉, 풍성하고, 힘이 넘치는 음성이 만들어지는 것이죠. 이때, 성대를 다 열지 않고, 소리를 내거나 공기의 양을 조절하지 못하고, 소리를 내게 되면 거칠고, 윤기 없는, 그야말로 생 목소리가 나는 것입니다. 우리 아이가 조금 더 전달력 있게 말하는 것을 원한다거나 친구들이 듣고 싶어 하는 말하기를 원한다면 발성 연습을 꾸준히 하는 것이 중요한데요.

그러면 발성 훈련의 장점은 무엇일까요?

스피치 훈련에 있어서 가장 시간을 많이 들여야 하는 것이 발성입니다. 말은 나 혼자 들으려고 하는 것이 아니라 다른 사람에게 내 의견을 들려주기 위해 하는 것입니다. 내 입에서 나가는 소리가 상대의 귀로 쏙 들어갈 수 있어야 비로소 전달력 있는 말하기가 완성되는데요, 제대로 된 발성을 하지 않으면 소리가 내 입에서만 머물러 우물우물 소리가 나거나, 상대에게 제대로 소리가 전달되지 않아 발표나 대화의 질을 떨어뜨리게 됩니다. 그렇기 때문에 발성을 제대로 연습해야 내가 준비한 발표나 말의 내용을 효과적으로 전달할 수 있는 것이죠. 발성 수업의 포인트는 앞서 배운 복식호흡을 발성으로 전환할 수 있도록 하는 것입니다. 이것이 제대로 이루어지지 않으면 배에 힘을 주어 소리를 내는 것이 아니라 목에 힘을 주어 소리를 내게 됨으로써 목에 무리를 주게 되고, 그렇다 보면 지속적으로 허스키한 목소리가 나거나 쉰 목소리가 날 수 있기 때문에 정확한 진단과 코칭이 중요합니다.

우물우물 말하는 원인도 발성 문제일 수 있다.

우리 아이가 우물우물 말해서 고민인 부모님들이 많습니다. 이런 경우 부모님들께서는 발음 교정을 먼저 생각하시게 되는데요. 우물우물 말하기의 원인이 발음이 아니라 발성의 문제일 수도 있다는 사실, 알고 계신가요?

특히 고학년 남학생들의 경우 사춘기가 시작되면서 입을 벌려 말하는 것이 부끄러운 것이라고 생각하는 경향이 있어 고학년일수록 그 현상이 더 심해지게 되는데요. 소리도 작고, 우물우물 말하는 친구들의 경우 그 원인이 발음이 아니라 소리가 트이지 않고, 입에 머물러 있기 때문일 수도 있습니다. 이렇게 머금은 발성을 쓰면 소리가 입 속에서만 울리게 되어 말소리가 제대로 전달되지 않는 것입니다. 입 안에서 소리를 머금는 것이 아니라 트인 발성을 통해 소리를 앞으로 뻗어 나가게 돕는 것이 복식호흡과 발성인데요. 전달력 있는 복식호흡과 발성을 익히면 크게 소리 내지 않아도 귀에 쏙쏙 들어오는 말하기를 할 수 있습니다. 그렇기 때문에 발성은 가장 많은 시간 공을 들여 연습해야 하는 스피치의 중요 요소인 것이죠.

그럼 전달력을 키우는 발성법을 함께 배워볼까요?

(2) 목소리를 키우는 발성 연습

수영을 하기 전 준비 운동이 있듯 발성을 하기 전에 꼭 필요한 것이 앞서 배운 복식호흡입니다. 발성의 기본이 되는 복식호흡을 미리 연습하고, 발성 연습에 들어가야 배에서부터 나오는 제대로 된 발성이 가능한데요.

충분히 복식호흡 연습을 했다면 본격적인 발성연습을 함께 배워볼까요?

발성 자세

발성 자세의 경우 복식호흡의 자세와 크게 다르지 않아요.

먼저, 다리를 어깨 넓이만큼 벌리고, 머리, 등, 허리가 일직선이 되게 섭니다. 그리고 몸이 일직선이 되게 하여 배가 많은 양의 공기를 확보할 수 있도록 바른 자세를 취합니다. 주의할 점은 원고를 보며 연습할 경우 원고를 자신의 눈높이에 맞게 들고 연습해야 한다는 점인데요. 고개가 숙여지면 호흡과 발성이 제대로 이루어 지지 않아 목에 힘을 주게 됩니다. 목에 힘을 주어 발성하게 되면 목에 무리를 주게 될 확률이 높아집니다. 또한 몸이 구부러지면 내가 원하는 양만큼의 호흡을 담을 수 없기 때문에 숨이 차고, 제대로 된 끊어 읽기와 전략적 읽기를 할 수 없기 때문에 전달력이 떨어지게 됩니다. 그래서 발성 전에 발성 자세를 잡는 것이 굉장히 중요하답니다. 연습 중간 중간 거울을 보며 본인의 자세를 체크할 수 있도록 하는 것이 좋고, 앉아서 연습 할 경우 등받이에 등을 대지 않고 연습하는 것이 좋습니다. 발성을 할 때 자세를 바로 잡아야 제대로 된 발성이 가능하다는 것을 잊지 마세요~

트인 발성을 위한 입 모양

발성 아치 모양 일러스트

목소리가 작고, 우물우물 말하거나 혹은 탁한 목소리가 나는 아이들의 경우 대부분 입을 작게 벌리고 말하는 경우가 많습니다. 아무리 복식호흡 연습이 잘되고 완벽하게 복식호흡을 한다고 할지라도 입을 제대로 벌리지 않고, 연습을 하면 울림 공간이 줄어들어 목소리가 작아지고, 울림 없는 건조한 소리가 날 수 밖에 없습니다. 또, 혀가 움직일 공간이 줄어들어 발음도 우물우물 부정확하게 들릴 수 있죠. 그렇기 때문에 복식호흡이 완성되었다면 이제 입을 크게 벌리는 것에 신경을 써야 하는데요.

그럼 어느 정도 입을 크게 벌려 발성을 해야 하는 지 알아볼까요?

먼저, 크게 '하~'하고 하품을 해보세요.

하품을 하면 입이 크게 벌어지면서 입천장이 위로 올라가고, 그러면서 목구멍이 둥글게 활짝 열립니다. 이 상태에서 소리를 내면 입 속에 충분한 공간이 확보되고, 소리가 목을 부드럽게 통과하면서 울림 있는 좋은 소리가 나게 되는 것이죠.

⚠️ 트인 입 모양 테스트 tip

손가락 세 개 들고 있는 사진

세로로 입에 손가락 넣기

먼저 손가락 세 개를 펼칩니다.

손가락을 세로로 세운 후 입에 손가락을 집어넣었을 때 손가락 세 개가 여유롭게 들어갈 수 있을 정도로 입 벌려주세요.

여기서 잠깐!) 손가락 두 개를 넣는 것도 버겁게 느껴진다면!! 턱 관절에 이상이 있을 수 있으니 함께 체크해 보세요.

기본 발성 연습

복식호흡을 하며 아이들에게 '내 배는 풍선'이고, 숨을 들이마시면 풍선이 커지고, 숨을 내쉬면 풍선이 홀쭉해진다는 것을 배웠었는데요.

이 호흡을 소리를 내는 데에 적절하게 사용할 수 있게 하는 것이 발성 수업의 목표입니다.

복식호흡을 발성으로 제대로 전환하기 위한 이 공식을 꼭 기억하세요.

[내 배 = 풍선 / 내 입 = 화살]

바람이 가득 들어있는 풍선을 손으로 꾹 누르면 바람이 풍선 입구로 세게 나가는 것이 느껴지죠? 이 원리처럼 숨을 크게 들이마셔 우리 배 속의 풍선을 크게 부풀린 후 배에 힘을 주며 목소리 화살을 쏘면 내 목소리가 다른 사람 귀로 쏙 쏙 꽂히는 화살발성이 완성되는 것입니다. 우리 아이 목소리가 자꾸 기어들어간다면, 우리가 웅얼웅얼 이야기한다면 목소리 화살을 쏘는 연습을 해 보세요. 꾸준히 연습하면 밖으로 트인 목소리를 완성할 수 있답니다.

(3) 놀이로 배우는 신나는 발성

발성법을 제대로 익히기 위해서는 지속적인 반복 연습이 중요한데 아이들은 같은 것을 반복해서 계속 연습을 시키면 지루함을 느낄 수 있습니다. 그래서 준비한 발성 연습 꿀 팁!! 바로 다양한 발성게임인데요. 발성 게임을 이용하면 수업에 대한 재미 뿐 아니라 이해도도 높일 수 있기 때문에 효과적인 연습이 가능합니다.
그럼 발성의 효과를 높이는 발성 게임을 함께 해 볼까요?

소리를 키워주는 '고음불가 게임'

이 게임은 예능 프로그램에서 자주 하는 '고음불가 게임'을 활용한 것인데요. '고음불가 게임'은 서로 음을 한 음씩 주고받으며 점차 음을 올려가는 게임입니다. 하지만 '소리를 키워 주는 고음불가 게임'은 음을 높이는 것이 아니라 소리를 점차 키워가며 누가 소리를 크게 내는지 대결하는 게임입니다.

고음불가 게임 사진

1단계) 두 명씩 짝을 지어준다.
2단계) 각자 '야' 하고 소리를 내서 점차적으로 소리를 키워나간다.

3단계) 마지막까지 살아남는 친구가 승리!

이렇게 소리를 키워주는 고음불가 게임은 목소리가 작은 친구들이 목소리를 키워나가는 데 굉장히 효과적입니다. 처음에 목소리를 크게 내는 것을 부끄러워하던 친구들도 이 '고음불가 게임'을 하면 친구들과 경쟁을 하면서 나도 모르게 목소리를 내면서 부끄러움을 잊기도 하고, 친구들의 소리를 들으면서 소리 크기의 차이를 느낄 수도 있기 때문에 목소리를 키우는 발성과 소리를 조절하는 계단 발성을 익히는 데 효과적인 게임입니다.

목소리를 키워주는 뜀 발성

뜀 발성은 아이들이 순간적으로 큰 소리를 내게 하여 목소리를 키우는 좋은 발성 연습 방법입니다. 아이들과 함께 달리기도 하고, 점프도 하면 몸의 긴장도 풀어지고, 기분이 들뜨기도 하며, 계속 숨이 차면서 자신도 모르게 큰 소리를 내게 하는 장점이 있습니다. 우리 아이의 큰 목소리가 듣고 싶다면 뜀 발성 방법에 집중해 보세요.

뜀 발성 사진: 하이파이브 점프

1단계) 손으로 아이들 키보다 작게 하이파이브를 할 수 있도록 손을 내민다.
2단계) 점프와 동시에 하이파이브를 하며 "야!" 하고 소리를 낸다.
3단계) 점점 높이를 올려가며 점프 발성을 할 수 있게 한다.

점프를 하면 자연스럽게 배에 힘이 들어가면서 복식호흡을 이용해 발성하는 것이 가능해집니다. 이렇게 지속적으로 뜀 발성을 연습하면 자연스럽게 스타카토 발성이 가능하겠죠?

뜀 발성 사진: 머리 닿기 점프

1단계) 손으로 아이 키보다 높게 위치를 잡는다.
2단계) 아이가 자신이 좋아하는 동요를 부르며 점프하여 어른의 손까지 머리가 닿을 수 있게 한다.
3단계) 느린 노래에서 빠른 노래까지 미션을 통과하면 끝!

아이는 이 점프 발성을 하면서 자신도 느끼지 못했던 자신의 큰 목소리를 듣게 되고, 지속적으로 이 발성법으로 훈련을 하다 보면 자기도 모르게 발성이 트여 평소 목소리도 커지고, 전달력 또한 높아질 수 있습니다.

아이들이 학교나 학원에서 지식을 배우는 것도 중요하고, 효과가 크겠지만 무엇보다 중요한 것은 가족과 함께 하는 학습입니다. 가족과 함께 학습을 하면서 지식이 자라날 뿐 아니라 서로 정서적 교감도 나누고, 서로를 이해하면서 인성을 쌓아가고, 사회성도 높아질 수 있습니다. 가족과 함께 하는 학습은 목표로 하고 있는 학습효과 이상의 다양한 효과들이 연속적으로 나타날 수 있습니다. 가족과 함께 하는 발성연습, 발성 게임을 딱 일주일만 꾸준히 해 보면 어떨까요? 아마 일주일 만에 달라진 우리 아이의 모습을 발견하실 수 있을 겁니다.

전달력이 부족한 우리 아이를 위한 스피치 놀이법

(1) 전달력을 키워야 하는 이유

"우리 아이는 발표할 때마다 목소리가 기어들어가요."
"우리 아이는 숨이 차는 듯한 말하기를 해요."
"우리 아이가 말하면 친구들이 재미없다고 집중을 안 해줘요."

말을 할 때 전달력이 부족한 아이는 "뭐라는 거야?", "네가 말하면 무슨 말인지 하나도 못 알아듣겠어."라는 피드백을 자주 받게 됩니다. 아무리 내용이 뛰어나다고 해도 우물우물 말하고, 작은 목소리로 말하고, 한 톤으로만 이야기한다면 상대방의 집중력이 떨어지기 마련이죠. 하지만 이런 피드백을 자주 받게 되면 아이의 자신감뿐 아니라 자존감에도 손상을 줄 수 있습니다. 자칫 다른 사람들이 나를 이해해 주지 못하고, 나는 인정받지 못한다는 자아에 대한 부정적인 이미지를 가질 수도 있기 때문입니다. 그렇기 때문에 우리 아이의 말하기 전달력에 문제를 느꼈다면 우리 아이들 말하기에 집중도를 높이기 위한 스피치 전달력 향상 훈련이 꼭 필요합니다.

(2) 전달력을 키워주는 발성코칭 절대비법

그럼 전달력이란 무엇일까요?

전달력이란? 나의 의견을 다른 사람에게 효과적으로 전달하는 힘을 뜻합니다. 이렇게 나의 의견을 다른 사람에게 효과적으로 전달하기 위해서는 말의 내용에 맞는 다양한 발성법으로 이야기하는 것이 중요한데요. 우리가 배운 복식호흡을 발성으로 활용하는 방법에는 여러 가지가 있습니다. 호흡을 길게 늘이는 네버엔딩(never-ending) 발성과 순간순간 강조를 하는 스타카토(staccato) 발성, 소리를 조였다 강조하는 활발성, 크기를 조절하는 계단발성 등 말을 하는 목적에 따라 각 발성법을 효과적으로 사용한다면 더 전달력 있고, 설득력 있는 말하기를 완성할 수 있습니다.

그럼 지금부터 우리 아이의 전달력을 높이기 위한 발성법을 배워 볼까요?

① 발성의 기본! 네버엔딩 발성

네버엔딩 발성이란?

숨을 한 번 들이 마시고, 한 톤으로 길게 발성하는 방법으로 안정적인 말하기를 하는데 효과적인 발성법입니다. 이 네버엔딩 발성은 내가 말을 하며 끊고 싶은 위치에 말을 끊을 수 있고, 강조할 위치에서 강조 할 수 있도록 내 숨을 조절하는 것에 도움이 되며, 말을 하며 숨이 차거나 숨소리가 크게 들리는 것을 방지하는 것에도 도움이 된다는 사실! 잊지 마세요.

네버엔딩 발성, 이런 아이에게 추천합니다!!

의미별 끊어 읽기가 잘 안 되는 아이

말할 때 숨이 차는 아이

목소리 크기와 세기 조절이 어려운 아이

목소리가 작은 아이

발성이 약해 목소리가 떨리는 아이

네버엔딩 발성, 이렇게 연습해 봅시다.

네버엔딩 발성 연습 사진

1단계) 자세를 잡고, 선다.

2단계) 하품을 하여 입 모양을 만든다.

3단계) 4초간 숨을 들이 마시고, 7초간 '아~~~' 하고 소리를 낸다.

4단계) 4초간 숨을 마시고, 숨이 차오를 때까지 '아~~~' 하고 소리를 낸다.

⚠️ 네버엔딩 발성 시 꼭 지켜야 할 TIP!

- ✔ 숨은 꼭 한 숨으로!!
- ✔ 처음부터 끝까지 일정한 호흡과 일정한 크기의 소리로 발성하기!!
- ✔ 시간은 5초, 7초, 10초, 15초로 순차적으로 늘려가며 연습!!

네버엔딩 발성은 내가 쓸 수 있는 호흡의 양을 늘리는 것이 가장 큰 목표입니다.

그렇기 때문에 숨을 여러 번 쉬며 길게 호흡을 내뱉는 것이 아니라 한 숨으로 소리를 내뱉는 시간을 늘려나가야 합니다. 간혹 친구들 중에는 호흡 조절이 잘 되지 않아 초반부에 큰 소리를 내며 호흡의 대부분을 써버리는 경우가 많은데요. 이렇게 호흡을 쓰게 되면 말을 할 때 문장의 끝부분에서 호흡이 부족해 말끝을 흐리게 될 수 있습니다. 그렇기 때문에 처음부터 호흡을 너무 많이 내뱉지 말고, 배의 힘을 이용해 시작부터 끝까지 일정한 호흡을 내보내는 것에 신경 쓰며 발성할 수 있도록 해야 한답니다. 네버엔딩 발성을 연습하며 목이 아파온다면 그것은 지금 내 발성이 잘못되어 있다는 증거입니다. 목이 아프다는 것은 복식호흡을 활용한 발성이 되고 있는 것이 아니라 목을 눌러 발성을 하고 있다는 의미인데요. 이럴 땐 허리를 숙이고, 연습해 보세요. 그러면 자연스럽게 목이 아닌 배에 힘을 주게 되어 배를 움직이는 복식호흡을 활용한 발성이 가능해진답니다.

처음에는 10초도 숨이 차고 어려울 수 있어요. 하지만 꾸준히 시간을 늘려가며 연습하다 보면 소리를 낼 수 있는 시간이 점차 늘어날 것입니다.

② 강조는 이렇게! 스타카토 발성

스타카토 발성이란?

스타카토 발성은 음악의 스타카토처럼 말을 할 때 중요한 단어나 문장을 콕콕 집어 이야기 할 수 있게 하는 강조 기법입니다. 내가 강조하고자 하는 단어나 문장에서 많은 양의 숨을 내보냄으로써 내가 중요하다고 생각하는 부분을 강조해서 전달할 수 있게 하는 강조 기법인데요.

그럼 강조의 기본이 되는 스타카토 발성을 함께 배워볼까요?

스타카토 발성, 이런 아이에게 추천합니다.

말을 처음부터 끝까지 한 톤으로 이야기하는 아이

말이 지루하게 느껴지는 아이

말끝을 흐리는 아이

친구들에게 의견을 무시당하는 아이

표현력이 부족한 아이

스타카토 발성, 이렇게 연습해 봅시다.

1단계) 숨을 들이 마시고, 하, 하, 하 하고 소리를 짧게 끊어 내보자.
 (한 글자를 발성할 때 마다 내가 뱃속에 머금은 호흡을 한 번에 내보낸다는 생각으로 소리를 낸다.)

2단계) 숨을 들이 마시고, 아, 어, 오, 우, 으, 이 소리를 내보자.

3단계) '가~하'까지 배의 복근을 이용해 소리 내보자.

⚠️ 스타카토 발성 시 꼭 지켜야 할 TIP!

✔ 한 글자에 한 숨 다 쓰기!
✔ 한 글자를 읽을 때마다 배가 움직이는지 확인하기!

스타카토 발성 시 주의할 점은 한 글자에 한 호흡을 모두 써야 한다는 점이에요. 풍선을 누르면 그 속의 공기가 한꺼번에 빠져 나와 센 바람이 나오죠? 그것처럼 한 글자를 읽을 때마다 배를 안으로 쑥쑥 집어넣으며 배에 압축된 공기를 한 번에 빼내는 발성이 제대로 된 스타카토 발성이라고 할 수 있습니다. 우리 아이의 배가 한 글자에 한 번씩 움직이는 지 지속적으로 체크하며 연습시켜 주세요.

스타카토 발성이 어렵다면?

스타카토 발성은 글자를 읽을 때마다 배의 근육을 써야 하기 때문에 배에 힘이 부족한 친구는 조금 어려움을 느낄 수 있어요. 복식호흡과 발성을 제대로 익히지 못하면 스타카토 발성 시 목이 굉장히 아플 수 있는데요. 이런 친구들에게는 '인사발성'을 추천합니다!!

한 글자를 발성할 때마다 한 번씩 허리를 굽혀 인사를 하며 발성을 하면 인위적으로 배의 근육이 움직여 정확한 스타카토 발성이 만들어질 수 있습니다. 이렇게 여러 번 연습을 하면 자연스럽게 배의 근육을 이용한 발성의 느낌이 익혀져 쉽게 스타카토 발성을 익힐 수 있습니다. 이제 막 스타카토 발성을 익히는 친구의 경우 손으로 배를 눌러주며 발성 시키는 것도 효과적인 방법인데요. 한 글자 한 글자를 발성할 때 손으로 배를 꾹꾹 눌러주고, 손의 힘을 배가 견디며 말을 하게 배의 힘이 그대로 목소리에 전해져 힘 있는 발성이 가능할 거예요.

③ 강한 강조는! 활 발성

말을 안정적으로 할 수 있는 네버엔딩 발성과 말을 강조 할 수 있게 하는 스타카토 발성을 모두 익혔다면 이 두 가지를 자유자재로 활용할 수 있는 '활 발성'을 배워볼까요?

활 발성이란?

활 발성은 복식 호흡으로 배에 가둔 소리를 활을 쏠 때처럼 길게 늘였다가 한 번에 강하게 쏘는 발성법입니다. 이 발성법을 익히면 실제 문장 안에서도 말을 길게 늘이고, 강조하고 하는 것이 자유자재로 가능해지며, 말의 맛을 살려 표현력 있게 이야기 할 수 있습니다.

그럼 활 발성! 어떤 친구에게 효과적일까요?

활 발성, 이런 아이에게 추천합니다.

재미없고, 딱딱하게 발표하는 아이
목소리 조절이 마음대로 안 되는 아이
발성이 약해 전달력이 떨어지는 아이

활 발성, 이렇게 연습해 봅시다.

1단계) 숨을 들이마시고, 아~~~~15초 연습
2단계) '가~하'까지 스타카토 발성
3단계) '가~~~~~~~가!' / '나~~~~~~~~나!' 하며 '가~하'까지 연습

활 발성은 먼저 소리를 가~~~~하며 늘린 후 뒤에 있는 '가!'에서 스타카토 방식으로 소리를 끊어주는 것이 그 방법의 핵심이라고 할 수 있습니다. 소리를 늘일 때는 3초 정도 소리를 길게 늘여주고, 끊을 때는 남은 호흡을 이용해 '가!' 하고, 세게 소리를 내어 끊어줘야 한답니다.

이 때 아이들의 이해를 돕기 위해 실제로 손동작도 함께 해주면 좋은데요. 즉, '가~~~~' 하고 늘일 때는 활시위를 당기는 손동작으로 3초간 활을 당겨주고, '가!' 하며 센 소리를 낼 때에는 활을 세게 놓으며 튕겨주는 느낌의 손동작을 해주면 소리의 느낌을 아이들이 좀 더 쉽게 파악할 수 있어서 좋습니다.

④ 표현력 있는 말하기의 완성! 계단발성
계단발성이란?

계단발성은 소리의 크기를 조절하며 말하는 발성법을 의미합니다. 발표를 할 때 무조건 목소리를 크게 한다고 해서 발표를 잘 하는 것이 아닙니다. 목소리를 지속적으로 크게만 발표를 한다면 금방 귀가 피로해져 그 사람의 말이 듣기 싫어질 수 있다는 사실 알고 계시나요? 그렇기 때문에 사람들의 시선을 집중시키기 위해서는 소리의 크기를 작게 했다가 크게 했

다가, 말의 내용에 따라 내가 강조하고 싶은 부분에 따라 조절할 수 있는 기술이 필요합니다. 이 계단발성은 이런 말의 강조나 말의 내용에 맞는 목소리를 구사하는 등 말의 표현력을 키우는 데 유용한 발성법이라고 할 수 있습니다.

> **계단발성, 이런 아이에게 추천합니다.**
>
> 목소리가 과도하게 너무 큰 아이
> 평소 목소리가 너무 작은 아이
> 목소리 조절을 어려워하는 아이
> 내용에 어울리는 목소리 조절이 안 되는 아이
> 표현력이 부족한 아이

계단발성, 이렇게 연습해 봅시다.

숫자를 활용한 계단발성

계단발성은 상황에 맞게 나의 목소리를 조절하는 발성법입니다. 때로는 내가 강조하고자 하는 부분을 큰 발성을 통해 강조하기도 하고, 때로는 내가 강조하고자 하는 부분을 작게 발성해서 강조할 수도 있는데요. 이때 계단발성을 활용하면 보다 임팩트 있고, 재미있는 말하기가 가능합니다. 이렇게 표현력 있는 말하기를 하는데 효과적인 계단발성을 아이들에 소리를 숫자로 나타내주면 보다 쉽게 소리가 커짐과 작아짐을 이해할 수 있습니다. 유아나 저학년은 숫자의 크기를 잘 모르는 경우가 있으므로 1~10까지의 숫자를 활용해 발성을 익히는 것이 좋습니다. 예를 들어 속삭이는 소리를 1로 나타내고, 평소 말하는 소리는 5로 나타내며, 가장 큰 소리를 10으로 나타내면 아이들이 소리의 크기를 보다 쉽게 이해할 수 있답니다.

<숫자 발성>

1의 소리: 가장 작은 소리, 귓속말이나 속삭이는 소리
5의 소리: 보통 우리가 대화하는 소리
10의 소리: 내가 낼 수 있는 가장 큰 소리

이렇게 소리의 크기를 숫자로 나타낸 후 제시 문장을 주어 소리의 크기를 조절하며 문장을 읽게 연습을 하면 발표내용과 어울리는 목소리 크기와 톤을 익힐 수 있습니다.
그럼 소리의 크기에 맞게 아래 문장을 읽으며 연습해 볼까요?

제시문장

1의 소리: 나는 지금 너무 속상해요.
5의 소리: 나는 지금 기분이 좋아요.
10의 소리: 나는 지금 정말 신나요.

이렇게 제시 문장을 읽을 때 몸동작까지 함께 하면 더 쉽고, 재미있게 소리 크기 변화를 몸으로 느낄 수 있답니다.

몸으로 익히는 숫자 발성

1의 소리: 몸을 웅크리고, 속삭이며 문장읽기

5의 소리: 차렷 자세로 평소 말하는 목소리로 문장읽기

10의 소리: 만세 자세로 점프하며 가장 큰 목소리로 문장읽기

이렇게 몸과 목소리를 활용해 발성을 익히고, 체화 시킨다면 연습하지 않아도 문장의 내용에 어울리는 자연스러운 목소리 톤이나 표현을 완성할 수 있습니다.

유아 맞춤! 동물 계단발성

1단계) 개미가 인사를 해요. '안녕하세요.'
5단계) 강아지가 인사를 해요. '안녕하세요.'
10단계) 코끼리가 인사를 해요. '안녕하세요.'

숫자의 개념이 제대로 잡히지 않은 유아나 숫자를 공부로 느끼는 초등학교 저학년 친구들은 동물 발성으로 계단발성의 개념을 알게 해주는 것이 좋습니다. 먼저, 아이들에게 "개미는 얼마만큼 작은 소리를 낼까?" 하고 질문을 해보세요. 별다른 설명 없이도 아이들은 개미의 크기를 떠올리며 소리를 상상하고, 속삭이듯이 '안녕하세요.'를 외칠 것입니다. 이 때 작은 소리라고 해서 입을 우물우물 한다거나 소리를 내지 않고 입만 뻐끔뻐끔 거리지 않도록 지도하는 것이 중요합니다. 다음은 속삭이는 소리가 아닌 보통 목소리 크기인 강아지 목소리인데요. 강아지 크기의 목소리는 이 역시 앞서 배운 복식호흡과 발성을 사용해 말할 수 있게 해야 합니다. 마지막 코끼리의 소리는 내가 낼 수 있는 한 가장 큰 소리를 의미합니다. 코끼리만큼 큰 소리를 내자고 하면 찢어지는 소리로 소리를 지르는 친구들이 많은데 그렇게 지속적으로 발성을 하면 아이들의 성대에 상처를 입힐 수도 있습니다. 이럴 때는 아빠의 묵직한 소리로 큰 소리를 내보자고 이야기하면 조금 쉽게 코끼리 발성을 이해할 수 있습니다. 이렇게 아이들은 동물의 크기를 생각하며 소리의 크기를 알 수 있도록 하면 유아나 초등 저학년 친구들은 더 쉽게 계단발성을 이해할 수 있답니다.

(3) 놀이로 배우는 신나는 발성

① 전달력을 키워주는 '절대음감 게임'

아이들에게 여러 발성법을 알려주면 그 개념은 이해를 하면서도 평소 말하던 습관이 있어 실제 활용이 잘 안 되는 경우가 많습니다. 이럴 때는 처음부터 모든 문장에 계단 발성을 적용하기보다는 내가 강조하고 싶은 단어를 먼저 강조 해보는 연습을 해보는 것이 좋습니다. '단어 강조'를 연습할 때 가장 효과적이고, 재미있게 '단어 강조'를 습득할 수 있게 하는 것이 바로 '절대음감 게임'인데요. 이 게임은 단어 음절의 순서에 맞게 말의 강약을 조절하여 발성함으로써 계단 발성을 좀 더 쉽고, 재미있게 습득할 수 있는 효과가 있습니다.

그럼 '절대음감 게임'을 함께 해 볼까요?

절대 음감 게임 사진

1단계) 제시어를 준다. [키즈스피치]
2단계) [키즈스피치]의 음절의 순서에 맞게 소리를 강조하게 한다.
예) 키즈스피치 / 키즈스피치 / 키즈스피치 / 키즈스피치 / 키즈스피치
3단계) 시간을 재고, 시간을 단축시키며 게임을 할 수 있게 한다.

이 절대 음감 게임을 하다 보면 자신이 강조하고자 하는 부분에 강조가 잘 안 되는 친구들이 많습니다. 이럴 때는 강조와 함께 동작을 함께 하는 것이 효과적일 수 있는데요. 예를 들어 '키즈스피치'를 말할 때 '키' 부분에서 손을 번쩍 들어주는 것입니다. 내가 강조할 부분에 손을 번쩍 들며 발성을 하면 자연스럽게 그 부분만 강조가 되는 것을 느낄 수 있을 것입니다. 이렇게 절대 음감 게임을 마스터 하면 문장 속에서 단어를 강조하여 이야기 하는 것을 훨씬 더 쉬워지겠죠?

② 전달력을 키워주는 '격파 발성'

격파 발성 사진

1단계) 집에 있는 신문지를 준비한다.
2단계) 소리의 크기 조절 미션이나 큰 소리로 말하는 미션을 준다.
3단계) 미션 문장을 이야기 하며 신문지를 격파한다.

이렇게 연습을 하면 두 가지 장점이 있습니다.

먼저, 소리의 크기를 조절하고, 배에 힘을 주어 크게 말하는 발성연습은 물론, 큰 소리를 내고, 신문지를 격파하면서 스트레스를 풀 수도 있는데요. 평소 활동성이 두드러지는 친구들은 말로 백 번 설명하는 것보다 이렇게 몸으로 하는 활동을 이용해 자연스럽게 발성을 익힐 수 있도록 하는 것이 좋습니다. 또, 요즘 또래들 사이에서의 스트레스나 공부로 인한 스트레스로 짜증이 많아진 친구라면, 이 격파 발성이 특효약이 될 수 있을 것 입니다. 스트레스를 푸는 용도로 발성 게임을 활용 할 경우, '미션 문장'을 스트레스 상대에게 대화하는 형식으로 만들면 더 효과적입니다. 우리 아이가 최근 들어 짜증이 많아지고, 화를 잘 낸다면 집에서 이 신문지 활용 발성 게임을 적극적으로 해보길 권해 드립니다.

논리력을 키우는 스피치 비법

4교시

두서없고, 뒤죽박죽 말하는 우리 아이 말하기의 원인

"뭐라고? 다시 한 번 얘기해 봐."
"천천히 얘기해 봐. 무슨 말인지 모르겠어."
"그래서 하고 싶은 말이 뭐야?"

평소 내 아이에게 이런 말을 많이 한다면 우리 아이가 논리적으로 말하고 있는지를 잘 살펴봐야 합니다.

아이의 논리적 사고력은 6~7세 전후를 기점으로 발달하기 시작하는데 그 시기에 논리적으로 생각하고 말하는 방법을 익히지 못하면 우리가 흔히 이야기하는 '두서없이 말하는 아이', '핵심 없이 말하는 아이'가 될 수 있습니다.

그럼 우리 아이들에게 논리적 말하기가 필요한 이유는 무엇일까요?

첫 번째, 논리적 말하기가 우리 아이 자존감에 영향을 미치기 때문입니다.

저희 교육센터를 찾는 아이들의 SCA Test 결과의 통계를 살펴보면 논리적인 말하기와 자존감과의 관계를 알 수 있는데요.

〈논리적 말하기와 자존감 관계 도표〉

이 표를 보니 논리적 말하기와 자존감의 관계가 한눈으로 확인되시나요?

어떻게 논리적 말하기가 자존감에 영향을 미치는 것인지 사례를 통해 한 번 생각해 보겠습니다. 얼마 전 초등학교 4학년 두 아이가 저희 교육센터를 찾았습니다. 두 친구는 모두 학교에서 유명한 우등생이었지만 SCA Test 결과에서는 확연하게 다른 모습을 보였습니다.

두 친구 모두 학습능력이나 국어적인 능력에서 또래 표준 대비 확연히 높은 결과가 나왔지만 자존감 영역에서는 큰 차이를 보였습니다. 보통 자존감이 낮은 원인에는 부모의 훈육 방식이나 트라우마, 실패 등 지금까지 경험이 그 영향인 경우가 많은데요. 그런데 심층 상담을 통해 원인을 찾아보던 중 굉장히 의외의 결과가 나왔습니다. A친구의 자존감 저하에 가장 큰 원인이 바로 논리적 말하기였던 것입니다. A라는 친구는 국어적인 능력이나 문제를 분석하고 처리하는 능력은 뛰어나지만 그 만큼 말하기의 논리성이 발달하지 못해 '핵심 없는 말하기'와 '두서없는 말하기'를 하고 있었습니다. 그렇다 보니 공부도 잘하고, 여러 면에서 뛰어나지만 또래 사이에서 말하기 때문에 무시를 당하기도 하고, 심지어 친구들에게 "너 영재

맞냐?"라는 놀림을 받은 트라우마까지 있었던 것입니다. 즉, '논리적이지 못한 말하기' 때문에 다른 사람과의 커뮤니케이션에서 늘 실패를 경험했던 것이죠. 이렇다 보니 공부나 본인이 가진 능력에 상관없이 자존감에서 커다란 차이를 보였고, 그로 인해 내가 어떤 일을 잘 해낼 수 있을 것이라는 유능감과 긍정적인 자아상, 사회성에서까지 일반 아동들의 수준과 큰 격차를 보였던 것입니다.

논리적으로 말을 하면 상대방에게 내 의견을 보다 효과적으로 전달할 수 있고, 그 결과 내 의견으로 상대를 설득하고, 공감 받을 확률이 높아집니다. 이렇게 내 의견과 생각, 감정을 논리적으로 말하고, 상대에게 인정받음으로써 우리 아이는 '성공적인 말하기 경험'을 알게 되고, 그로 인해 자존감도 높아질 수 있는 것이죠. 그렇기 때문에 우리 아이들이 자존감이 형성되는 시기 및 논리적 사고가 완성되는 시기에 '논리적 말하기'의 교육이 꼭 필요한 것입니다.

그럼 논리적 말하기가 사회성에도 영향을 미칠까요?

〈논리적 말하기와 사회성 관계 도표〉

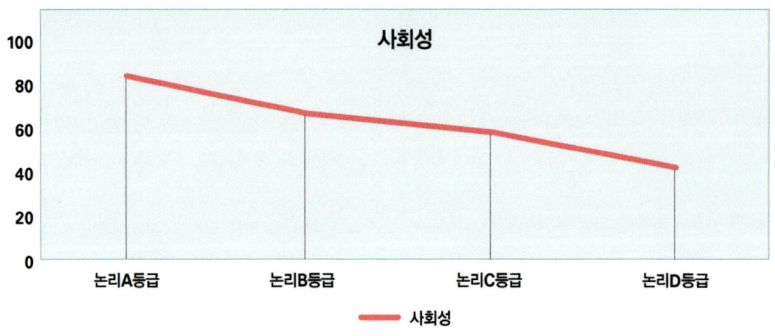

'논리적 말하기가 사회성에도 영향을 끼치나요?'라는 질문에 대한 정답은 Y.E.S입니다. 그럼 예시를 통해 논리적 말하기가 사회성에 어떤 영향을 미치는 지 살펴볼까요?

스피치 교육센터를 찾은 7세 유아 A군은 이전에는 생각하는 속도가 빠르고, 자신의 생각을 이야기하는 것을 즐기는 친구였습니다. 하지만 말의 속도가 생각의 속도를 따라가지 못해 A-B-C-D-E로 순서에 맞게 이야기를 진행하는 것이 아니라 A-C-E의 흐름으로 이야기를 진행해 다른 사람들이 A군의 말을 이해하지 못하고, 되묻는 경우가 많았던 것이죠. 이렇게 어른들이나 친구들에게 "무슨 말이야?", "다시 한 번 이야기해 볼래?", "무슨 말인지 하나도 모르겠네." 등의 부정적인 피드백을 지속적으로 받다 보니 자신의 말을 이해하지 못하는 사람들이 원망스러워 짜증을 내기도 하고, "아니에요. 됐어요." 하고 설명을 포기하게 되기도 했습니다. 점차 자존감과 사회성이 떨어지는 결과를 가져오게 되었고, '크면 나아지겠지.' 생각하고, 1년이 넘게 방치한 결과 경미한 선택적함구증까지 온 상태였습니다.

또한 초등학교 2학년 B양의 경우에는 주어, 목적어를 빼고 이야기를 하거나 말하는 순서가 뒤죽박죽인 말하기를 하는 아이였습니다. B양은 현재 초등학교 1학년 때 느끼지 못했던 친구 사이의 소외를 경험하고 있었습니다. 초등학교 1학년 때는 비슷비슷했던 또래 여자아이들의 말하기 수준이 2학년이 되면서 확연하게 발달했던 것이죠. 그러면서 "누가 그랬는데?", "왜 그랬는데?", "그래서 어떻게 됐는데?" 하고 수없이 되물어야 하는 B양의 말하기를 이해할 수 없게 된 것입니다. 그렇다 보니 B양의 의견이 받아들여지는 횟수가 줄어들게 되면서 자존감은 물론, 사회성까지 점차 떨어지는 결과를 가져오게 된 것이죠.

이렇듯 논리적인 말하기는 우리 아이들의 자존감과 사회적 성공경험에 영향을 줄 수 있습니다. '아직 어려서 그럴 거야.', '조금 크면 나아지겠지.' 등의 생각으로 논리적 말하기의 적기를 놓치게 되는 경우 교정에 오랜 시간이 걸릴 수 있으므로 우리 아이의 논리적 사고가 발달하는 6~7세 시기를 놓치지 않는 것이 좋습니다.

그럼 뒤죽박죽 핵심 없이 말하는 원인은 무엇일까요?

첫 번째 원인은 말의 속도가 생각의 속도를 따라가지 못하는 것입니다. 앞서 언급한 유아 7세 A군의 경우처럼 A-B-C-D와 같이 순서에 맞추어 말을 해야 다른 사람들이 아이의 말을 잘 알아들을 수 있는데 생각의 속도가 빠르고 말이 그 속도를 따라가지 못하면 'A-C-E'와 같이 생각을 띄엄띄엄 말로 전하게 되어 상대방이 알아들을 수 없는 말하기를 하게 됩니다.
"제가 어제 책을 봤는데요. 정말 재미있었어요. 그 책 속에서 놀이공원이 나왔는데요. 선생님 놀이공원에서 바이킹 타봤어요? 나 원래 못 탔는데 이제 2학년 돼서 탈 수 있어요. 저 키 몇인지 알아요? 이제 120 넘었는데요. 우리 반에 120 넘는 애가 5명밖에 없어요."
위의 내용은 실제 2학년 친구와 상담할 때 그 아이가 했던 이야기입니다. 저는 이 이야기를 들으며 친구의 말을 이해하기 위해 무척 빠르게 생각을 전환하고, 따라가야 했는데요. 이렇게 생각의 속도나 전환이 빠른 친구의 경우, 말을 시간 순서나 사건 순서와 상관없이 생각나는 대로 이어가기 때문에 뒤죽박죽 핵심 없는 말을 하게 되는 경우가 많습니다.

두 번째, 말의 내용에 확신이 없는 경우입니다. 이런 친구의 경우는 '다른 사람이 내 의견을 무시하면 어떡하지?', '내가 틀리면 어떡하지?' 하는 고민 때문에 이야기의 핵심을 먼저 이야기하지 못하고, 주변 이야기들만 빙빙 돌려서 말하게 되는 것이죠. 그렇다 보면 이야기가 길어지고, 듣는 사람이 지루한 말하기가 되며 논리력이 떨어지는 말하기처럼 들릴 수 있습니다.

세 번째, 정답만 요구하는 부모님의 대화와 질문 방식 때문입니다.
"너는 무엇을 좋아하니?"
"TV보는 거요."
"왜 TV보는 것을 좋아해?"
"네? 아……, 그냥 좋아해요."

지식과 관련된 질문이나 있었던 일 등 정답이 있는 질문에는 대답을 잘 하면서 '왜?'라는 질문에 대해서는 대답을 어려워하거나, '왜?'라는 질문에 대한 주장과 근거가 논리에 맞지 않는 아이들이 많습니다. 기본적인 사고의 논리가 부족해 논리적 말하기가 안 되는 친구가 있는 반면, 알고 있는 지식을 설명하는 것이나 있었던 일에 대한 상황을 설명하는 말하기는 뛰어나지만 자신의 생각이나 의견을 물어보는 질문에 대해서는 눈에 띄게 자신 없어 하는 친구들이 있습니다. 자신의 생각에 확신이 없는 친구들은 부모님과의 대화와 질문 방식이 그 원인이 되는 경우가 많은데요. 예를 들어 "오늘 학교에서 점심 뭐 먹었어?", "학원에서 선생님이 뭐라고 하셔?" 처럼 답이 정해진 질문이나 있었던 일에 대한 질문에만 익숙하게 되면, 자신의 생각이나 의견을 묻는 질문을 어렵게 느끼게 됩니다. 게다가 부모님이 답을 머릿속에 정해놓고 아이에게 의견을 물어보는 경우 아이는 자신의 생각을 찾기보다 엄마의 머릿속의 정답을 찾는 것에만 집중하게 되는 것이죠. 그렇다 보면 우리 아이들은 자신의 의견을 만들 필요가 없어지고 점차 의견을 만드는 방법도 잊게 되는 것입니다.

혹시 우리 아이가 나의 잘못된 질문 습관으로 인해 의견을 생각해 내는 법을 잊은 것은 아닌지 우리 아이 말하기를 꼭 한 번 관찰해 보세요.

〈우리 아이 논리적 말하기 체크〉

번호	질문	그렇다.	그렇지 않다.
1	두서없이 말 한다는 이야기를 자주 듣는다.		
2	주제와 전혀 상관없는 말을 하는 경우가 있다.		
3	"왜"라는 질문에 답을 못하는 경우가 많다.		
4	자신의 주장에 대한 근거를 이야기 할 때 주장과 근거의 논리가 맞지 않는 경우가 많다.		
5	말에 핵심이 없는 경우가 많다.		
6	일의 원인과 결과를 설명하기 어려워한다.		
7	친구들 사이에서 의견을 무시당하는 경우가 많다.		
8	말은 긴데 결론이 없는 경우가 많다.		
9	아이의 말이 이해가 안 되는 경우가 많다.		
10	주어, 목적어 등 빼먹고 이야기 하는 것이 많다.		

결과	
8~10개 해당	논리력 부족으로 자존감과 사회성에 불편을 느끼는 상태
5~7개 해당	논리력 부족으로 의사소통에 어려움을 느끼는 상태
3~4개 해당	다른 사람과 의사소통 때문에 본인이 답답함을 느끼는 상태

논리적인 말하기의 절대비법!
햄버거 말하기

이렇게 논리적인 말하기가 부족한 우리 아이 어떻게 코칭해 주면 될까요?

논리적인 말하기가 어려운 친구들에게는 기본적인 논리적 말하기의 틀을 몇 가지 알려주고, 그에 맞게 이야기 하는 훈련이 필요합니다. 논리적인 말하기 틀에 나의 생각을 적용해 말하다 보면 틀에 맞춰 말하기 위해 말하기의 순서를 생각하게 되고, 이렇게 논리적인 말하기 틀에 맞춰 말하다 보면 논리적으로 생각하는 방법까지 터득하게 되므로 1석 2조의 효과를 누릴 수 있는 것이죠. 그럼 본격적으로 논리적 말하기의 틀을 배워볼까요?

(1) 논리적인 말하기의 기본 틀! 햄버거 말하기

햄버거 말하기는 논리적인 말하기의 기본 틀을 아이들이 이해하기 쉽게 만든 말하기 기법입니다. 아이들의 머릿속에 뒤죽박죽 엉켜 있는 생각을 이 말하기 틀에 적용해 말하면 손쉽게 논리적인 말하기를 습득할 수 있습니다.

빵 : 나의 주장
재료 : 다양한 근거
빵 : 나의 주장

햄버거 말하기는 나의 주장을 먼저 이야기하고, 그렇게 생각한 이유를 말한 후 다시 한 번 나의 주장을 이야기함으로써 자신의 생각을 논리적으로 이야기 하고, 설득할 수 있는 효과적인 방법입니다.

Q1. 너는 무엇을 가장 좋아하니?
빵: 저는 떡볶이를 좋아합니다.
재료: 왜냐하면, 저는 매운 음식을 좋아하기 때문입니다.
빵: 그래서 저는 떡볶이를 좋아합니다.

이것은 기본적인 말하기 틀로 수없이 많은 햄버거 말하기가 모여 하나의 글이 되는 것입니다. 또, 이 말하기 틀이 확장되어 서론, 본론, 결론을 이루는 글이 되는 것이죠. 그렇기 때문에 평소에 대화부터 이 햄버거 말하기 기법을 활용해 스피치를 체화시키는 것이 좋습니다.

> 안녕하세요? 키즈스피치예소스 ○○○입니다. 제가 가장 자랑스러웠던 순간은 스피치 대회에서 대상을 탔을 때였습니다. 왜냐하면 원래 부끄러움이 많고, 발표를 어려워했던 제가 매일 열심히 노력한 끝에 얻어낸 값진 상이기 때문입니다. 그래서 저는 스피치 대회에서 대상을 탔을 때 제가 가장 자랑스러웠습니다.

이렇게 나의 생각을 틀에 맞추어 정리하다 보면 논리적으로 생각하고, 말의 순서를 자연스럽게 잡아 나갈 수 있습니다.

어느 정도 햄버거 말하기에 익숙해졌다면 근거를 늘려가며 말의 재료를 추가하는 훈련을 해야 하는데요. 말의 재료, 즉, 근거는 3가지로 제한하는 것이 좋습니다. 사람의 뇌는 3가지를 제안했을 때 가장 기억을 잘한다고 합니다. 그렇기 때문에 근거를 3가지로 제한하는 것이 다른 사람을 설득하거나 내 의견을 주장하는 데 효과적이겠죠?

(2) 논리적 말하기 응용! 햄버거 세트 말하기

이제 햄버거 말하기가 어느 정도 익숙해 졌다면 나의 생각과 근거에 맞는 결과를 예측하는 말하기까지 도전해 봅니다. 여기서는 내가 햄버거 말하기를 통해 한 말의 주장과 근거를 종합해 결과를 도출함으로 아이들에게 이해하기 쉽게 햄버거 세트(햄버거+접시)로 이름 부르면 좋겠죠?

쉬운 이해를 위해 햄버거 말하기에서 들었던 예시와 같은 질문으로 비교해보겠습니다.

Q1. 너는 무엇을 가장 좋아하니?
빵: 저는 떡볶이를 좋아합니다.
재료: 왜냐하면 저는 매운 음식을 좋아하기 때문입니다.
빵: 그래서 저는 떡볶이를 좋아합니다.
접시: 앞으로는 더 많은 종류의 떡볶이를 먹어보고 싶습니다.

이렇게 햄버거를 접시(미래를 예측하거나 다짐으로 마무리)에 담아 놓으면, 한 가지 질문에 대하여, 보다 완성도 있는 답이 될 수 있습니다.

> 안녕하세요? 키즈스피치예소스 ○○○입니다. 제가 가장 자랑스러웠던 순간은 스피치 대회에서 대상을 탔을 때였습니다. 왜냐하면 원래 부끄러움이 많고, 발표를 어려워했던 제가 매일 열심히 노력한 끝에 얻어낸 값진 상이기 때문입니다. 그래서 저는 스피치 대회에서 대상을 탔을 때 제가 가장 자랑스러웠습니다. 앞으로 더 열심히 연습해서 내년에도 꼭 대상을 타고 싶습니다.

두서없이 말하는 아이,
생각지도 그려주기

(1) 나의 생각을 지도로 표현하자! 마인드맵

　말을 많이 하고, 말하는 것을 좋아하긴 하지만 뒤죽박죽, 두서없이 말하는 아이라면 생각 지도를 그리는 것이 좋습니다. 생각의 속도가 빠르고 생각의 전환이 빠른 아이들에게 효과적인 이 마인드맵기법은 아이가 말의 핵심 주제를 놓치지 않고, 한 가지 주제로 충분히 이야기하고 다음 주제로 넘어 갈 수 있도록 하는데 가장 효과적인 방법이라고 할 수 있습니다. 마인드맵은 두뇌의 전 영역을 활용하게 하여 회상능력을 향상시킬 뿐 아니라 기억의 속도를 빠르게 하고 주제에서 벗어난 생각을 하지 않게 도울 수 있습니다.
　마인드맵에는 두 가지 방법이 있는데요. 두 가지 중 우리 아이의 특성에 맞는 마인드맵 기법을 활용하는 것을 권해드립니다.

① **확산 마인드맵** : 생각의 속도가 빠르고, 다양한 생각을 하는 아이에게 추천

확산 마인드맵은 생각의 속도가 빠르고 다양한 생각을 할 수 있지만, 말의 순서나 논리가 맞지 않는 아이에게 효과적인 방법입니다.

그럼 확산 마인드맵 방법을 익혀 볼까요?

확산 마인드맵 프로세스 사진

주제 마인드맵 ▶ 묶음 만들기 ▶ 소주제 달기 ▶ 말의 순서 정하기 ▶ 발표

1) 주제에 대해 최대한 많은 생각을 끌어냅니다.
2) 끌어낸 생각들을 비슷한 속성끼리 묶습니다.
3) 각 묶음에 소주제를 답니다.
4) 말하기의 순서를 잡습니다.
5) 마인드맵의 키워드만 보고 발표해 봅니다.

② **소주제 마인드맵** : 생각하기를 어려워하고, 주제에 벗어난 말하기를 하는 아이에게 추천

한 가지 주제에 대해 다양한 생각하기를 어려워하거나, 닫힌 생각을 가진 친구에게 적합한 마인드맵 기법이 바로 소주제 마인드맵입니다. 이런 친구는 주제에 대한 생각의 범위가 넓어지면 오히려 생각을 확장시켜 나가는데 어려움을 느낄 수 있습니다. 그렇기 때문에 소주제를 미리 작성해 주어 생각의 범위를 제한해주면 새로운 것을 생각해 내는 부담감이나 어려움을 줄여줄 수 있기 때문에 더 효과적인 생각 끌어내기가 가능하답니다.

그럼 소주제 마인드맵 방법을 함께 익혀 볼까요?

소주제 정하기 → 소주제에 별 마인드맵 → 발표

1) 주제에 맞는 소주제 세 가지를 적습니다.
2) 소주제에 맞게 생각을 끌어냅니다.
3) 발표해 봅니다.

(2) 뒤죽박죽 말하는 아이 - 기차 말하기

아이가 일의 순서나 사건의 순서에 맞게 이야기하는 방법을 모르고, 뒤죽박죽 이야기한다면, 기차 말하기를 추천합니다. 기차 말하기는 아이가 말하고자 하는 것의 순서를 키워드로 정리해서 말하는 기법입니다. 이렇게 머릿속 기차에 시간 순서 혹은 사건 순서에 따라 말하는 그림을 그려놓으면 뒤죽박죽 말하지 않고, 말하는 순서를 놓치지 않고 말할 수 있게 되는 것이죠. 기차 말하기는 문장을 구성하는 순서를 바로 잡는 '육하원칙 기차'와 말하는 내용의 순서를 바로 잡는 '시간 기차', 두 가지로 나눌 수 있습니다.

먼저, 문장을 구성하는 순서를 바로 잡는 '육하원칙 기차'를 배워볼까요?

누가/언제/어디서/무엇을/어떻게

| 누가 | 언제 | 어디서 | 무엇을 | 어떻게 |

두서없고, 뒤죽박죽 이야기 하는 우리 아이에게 '육하원칙 기차'를 알려주고, 왜 순서대로 말해야 하는 지를 설명해 줘야 해요. 엄마가 아이의 말하기 순서나 형식을 잘 관찰한 후 아이의 말하기대로 아이가 관심을 가질 만 한 한 가지 상황을 먼저 설명해 봅니다.

엄마: 훈민아~ 엄마 선물 받았어.
아이: 뭐 받았어?
엄마: 터닝메카드.
아이: 언제?
엄마: 어제.
아이: 누가 줬어? 어디서?
엄마: 꿈에서.
아이: 에이~ 뭐야.
엄마: 훈민아~ 엄마가 지금 훈민이가 말하는 말하기 순서대로 이야기 해 봤어. 그랬더니 훈민이가 자꾸 엄마한테 다시 질문해야 하고, 다 듣고 나니 생각했던 거랑 완전히 다른 내용이라 실망스럽기도 했지? 그래서 '육하원칙 기차'가 중요한 거란다.

이렇게 아이에게 예를 들어 설명해주면 아이가 보다 쉽게 자신의 말하기 문제점을 알게 되고, 순서대로 이야기해야 할 필요성도 느낄 수 있겠죠? 아마 우리 아이들은 한 번 이 기차를 알려줬다고 해도 실생활에 적용하는 데에는 많은 시간이 필요할 것입니다. 그래서 부모님들의 도움이 필요한데요. 아이가 뒤죽박죽 말할 때 "아~ 훈민이는 오늘 아침에 학교에서 선생님께 칭찬스티커를 받아 기분이 좋은 거구나?" 하고 아이가 말하는 내용을 정리해서 말해주고, 듣게 하면 아이가 자연스럽게 올바른 말의 순서와 육하원칙을 습득하게 될 것입니다.

이번엔 시간 기차를 배워볼까요?

| 먼저 | 다음 | 마지막으로 |

'육하원칙 기차'를 습득한 후에는 시간 순서대로 이야기하는 훈련을 해야겠죠? 두서없이 이야기하는 친구들은 시간의 흐름에 상관없이, 생각나는 대로 이야기를 해서 상황이 뒤죽박죽 되게 이야기하는 사례가 많습니다.

예를 들어 키가 또래에 비해 한 뼘 이상 크고, 그에 비례해 몸집이 큰 초등학교 1학년 K군은 시간 순서대로 말하거나 일이 일어난 순서대로 말하는 것에 어려움이 있었습니다. 그렇다 보니 친구들과 크고, 작은 문제가 생겼을 때 자신의 입장을 제대로 전달하지 못하다 보니 억울하게 자신만 혼나게 되는 상황이 많았습니다. 이 상황이 한 학기 이상 지속되다 보니 K군이 우리 교육센터를 찾았을 때 이미 자신감과 자존감이 굉장히 떨어진 상태였죠. 이렇듯 아이들이 또래 사이에서 혹은 학교나 유치원에서 자신의 입장을 분명하게 전달하려면, 시간 및 사건의 전, 후를 순서에 맞게 제대로 전달하는 것이 중요한 것입니다.

　이 '시간 기차'에 따라 이야기 하는 것은 여러 가지 훈련이 필요합니다. 먼저, 나의 경험을 순서대로 풀어내는 훈련을 하기 이전에 짧은 책을 읽고, 위의 기차 순서에 맞게 이야기하는 훈련을 한 후 점점 길고, 복잡한 상황을 이해하고, 설명 할 수 있게 훈련시키는 것이 좋습니다. 책으로 하는 '시간 기차' 훈련이 완성되면 이번엔 TV만화나 어린이드라마를 보고, '시간 기차'를 채우게 하는 것입니다. 그 이후에는 점차 내가 겪은 상황을 '시간 기차'에 맞추어 이야기 하는 훈련을 본격적으로 진행하게 되는 데요. 아이들이 생각을 '시간 기차'에 맞춰 이야기할 수 있도록 부모님께서 질문을 해 주시면 보다 쉽게 아이들이 '시간 기차'를 배열할 수 있습니다.

엄마: 오늘 시무룩해 보이네? 학교에서 무슨 일 있었어?
아이: 그게, 내가 물었어. 친구가 숨 못 쉬게 했는데 '메롱' 해서 약 올리고, 엄청 화났어.
엄마: 그래~ 우리 훈민이가 많이 화난 모양이네. 그런데 엄마가 훈민이 편을 들어주고 싶은데 순서 기차가 다 흐트러져서 무슨 말인지 모르겠어. 엄마가 몇 가지만 물어봐도 될까?
아이: 응.
엄마: 훈민이가 친구를 물었다는 얘기야?
아이: 응. 근데 어쩔 수 없었어.
엄마: 아~ 그랬구나. 그럼 훈민이가 물기 전에 무슨 일이 있었어?
아이: 친구가 숨을 못 쉬게 꽉 끌어안았어.

엄마: 그랬구나. 친구가 먼저 숨을 못 쉬게 꽉 끌어안아서 훈민이가 친구를 물었구나. 그래서 어떻게 됐어?

아이: 근데 선생님께 나만 혼났어.

엄마: 친구가 먼저 숨 못 쉬게 꽉 끌어안아서 훈민이가 친구를 어쩔 수 없이 문 건데 선생님께 훈민이만 혼났구나, 우리 훈민이 정말 속상했겠네.

이렇게 아이와 대화를 하면서 아이가 사건의 전, 후를 생각 할 수 있는 질문을 하고, 그 상황을 '시간 기차'에 맞게 정리해서 이야기 해 주면 아이 스스로 왜 '시간 기차'에 맞추어서 이야기하는 것이 효과적인지 느낄 수 있겠죠?

5교시

표현력을 키우는 스피치 비법

스피치 실력을 완성하는 표현력

"저는 이 친구요."

"네? 선생님도요?"

저희 스피치센터는 1년에 한 번씩 전국 스피치 대회를 여는데요. 모든 지점이 한 자리에 모여 자신의 스피치 실력을 뽐내며 자신감도 키우고, 발표 성공경험을 주기 위한 대회입니다. 저는 이때마다 깊은 고민에 빠집니다. 왜냐하면 스피치 대회에 참여하는 친구들은 2~3개월 간 맹연습을 하여 무대에 오르는 것이기 때문에 무대에 올랐을 때 목소리 크기나 발음 그리고 제스처까지 어느 하나 부족한 점을 찾기가 힘들기 때문입니다. 하지만 매번 대회마다 느끼는 것은 선생님들의 채점표에 있는 우수한 친구들 이름은 거의 비슷하다는 것입니다. 그 가장 큰 원인은 무엇일까요? 선생님 채점표에 있는 친구들의 공통점을 찾아보면 그 해답은 바로 표현력이었습니다. 모두 똑같이 스피치 교육을 받아서 발성, 호흡, 발음, 제스처까지 완성이 되다 보니 그 우열을 가리는 것이 쉽지 않지만, 이렇게 비슷한 실력을 가진 친구들 사이에서 확! 시선을 사로잡는 것은 단연 표현력이 뛰어난 아이였습니다. 자기가 말하고자 하는 내용을 그 것에 맞게 얼마나 맛깔나게 표현하는지가 대회의 승패를 좌우한 것이죠.

얼마 전 TV에서 로봇 연기로 주목받았던 장수원씨 기억하시죠?

"괜.찮.아.요? 많.이.놀.랐.죠?"

다시 생각만 해도 절로 웃음이 나오는데요. 이렇게 말의 내용과 감정이 맞지 않는 것이 바로 맛없고 표현력 없는 말하기라고 할 수 있습니다. 이렇게 내가 하고자 하는 말에 영혼을 불어 넣는 과정이 바로 **'표현력'**이고, 이것을 얼마나 효과적으로 말하는 내용에 적용시키느냐에 따라 나의 스피치로 다른 사람을 감동시킬 수도, 설득할 수도 있는 것입니다.

"친구들이 우리 아이가 이야기하면 재미없다고 해서 고민이에요."
"발표는 잘 하는데 대회나 회장 선거 같은 대내외적인 발표 자리에서 매번 2등을 해요."
이런 고민을 가지고 계시다면 우리 아이의 표현력에 집중해 보세요.
그럼 지금부터 우리 아이의 표현력을 체크해 볼까요?

〈우리 아이 표현력 체크〉

번호	질문	그렇다.	그렇지 않다.
1	평소 얼굴에 표정이 별로 없다.		
2	동화책을 읽을 때 대사에 감정을 실어 읽는 것을 어려워한다.		
3	발표나 말을 할 때 손을 사용하지 않는 편이다.		
4	친구들이 우리 아이의 이야기를 지겨워한다.		
5	유치원 학예회나 공개수업 때 율동이나 연기하는 것을 싫어한다.		
6	가족이나 또래 사이에서 감정 표현을 잘 못한다.		
7	목소리의 크기 조절을 잘 못한다.		
8	말을 할 때 의성어, 의태어를 거의 사용하지 않는다.		
9	성격이 무뚝뚝하거나 소심하다.		
10	학교에서 발표할 때 손을 크게 들지 않는다.		

결과	
8~10개가 해당되는 경우	자기표현에 어려움을 겪는 상태
5~7개가 해당되는 경우	발표를 하긴 하나 표현력이 부족해 재미없는 말하기를 하는 상태
3~4개가 해당되는 경우	어느 정도 표현력을 가지고 있으나 임팩트가 부족한 상태

위의 항목에 3개 이상 해당이 된다면!! 우리 아이에게 표현력 절대 비법이 필수입니다.

우리 아이 스피치에 표현력을 불어 넣어 주려면 이 4가지 요소를 모두 키워줘야 한다는 사실!

절대 잊지 마세요.

표현력을 완성하는 표현력 4요소 절대비법

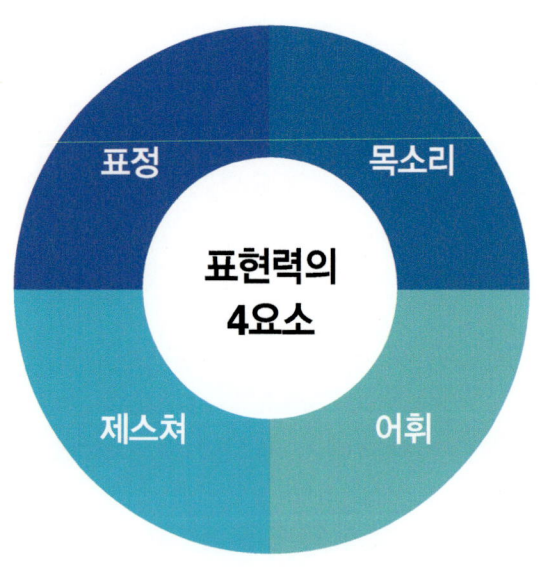

(1) 표현력 제1요소 표정!

표정과 사회성의 관계

최근 저희 센터를 찾은 A양은 친구들 사이에서 인기가 없어서 고민이었습니다. 귀여운 외모와 똑 부러지는 말하기를 보면 크게 인기가 없을 이유가 없는 친구였지만 이 친구의 문제점은 바로 표정이었는데요. 친구관계에 있어서 표정이 뭐 그렇게 중요할까? 라고 생각하시겠지만 이 친구의 사례를 들어보면 '그럴 만하구나.'라는 생각이 드실 겁니다. 예를 들어 친구가 선물을 줬을 때, 친구들과 놀고 있을 때 속으로는 기분이 좋지만 겉으로 나타나는 표정이 새침하다 보니 새 학기, 새 학년 초기에는 인기가 많다가 서운한 마음에 친구들이 하나, 둘 떠난 것이었죠. 이렇게 표정이 발표에서 뿐 아니라 또래 사이에서도 중요한 요소로 작용하는 것이죠.

그 뿐만이 아닙니다. 최근 스마트 기기와 TV에 어린 나이부터 아이들이 노출되다 보니 다른 사람들의 감정을 읽는 능력이 부족해지고 있습니다. 감정을 읽으려면 다른 사람들의 표정이나 행동, 말투를 관찰하고, 관찰한 결과를 종합해 그에 맞는 행동이나 말을 할 줄 알아야 하는데요. 이것이 바로 공감능력입니다. 이 공감능력이 있어야 또래 사이에서 원만한 사회관계를 유지할 수 있는 것입니다. 그런데 이런 공감능력이 부족한 친구들은 상황과 맞지 않는 말하기를 하고, 친구 사이에 어려움을 겪게 되는 것이죠. 쉽게 말해 눈치 없는 아이가 되는 것입니다.

이렇게 공감 능력이 부족한 친구에게 꼭 필요한 것이 표정훈련입니다. 이런 친구는 상대의 표정 관찰을 어려워할 뿐 아니라 자신의 감정을 표정으로 나타내는 것도 어려워 할 수 있기 때문입니다. 그래서 자신의 감정이나 상황을 표정으로 나타내는 것부터 공감 훈련이 시작돼야 하는 것입니다.

그럼 함께 표정 훈련을 해 볼까요?

1) 엄지손가락 두 개를 준비합니다.
2) 엄지손가락을 입 끝에 댑니다.
3) 두 번째 손가락을 올려서 눈 끝에 갖다 댑니다.
4) 입 꼬리에 댄 엄지손가락과 눈 끝에 댄 검지손가락을 누릅니다.
5) 그리고 5초 간 유지했다가 손을 뗍니다. 표정은 그대로 유지!!

표정 카드를 다양한 감정에 맞게 준비한 후 아이가 표정으로 문제를 내고, 엄마가 카드로 맞추는 연습을 합니다. 처음에는 아이들이 좀 어색해하고, 부끄러워 할 수 있으나 엄마가 의도적으로 못 맞추면 점점 표현력이 늘어날 수 있으니 카드로 매일 5분씩 함께 게임해 주세요.

표정훈련 3단계 - 표정 사진 찍기

표정카드로 표정 연습을 하다 보면 아이들이 화를 내는 경우가 종종 있습니다. 자신은 열심히 표현하고 있는데 왜 못 맞추느냐는 이유 때문이죠. 아이들은 스스로의 표정이 보이지 않기 때문에 감정에 맞게 자신이 제대로 표정을 짓고 있는 지 아닌지를 알 수 없으니 맞추지 못하는 사람이 답답할 수밖에 없는데요. 이때 아이에게 감정을 불러주고, 그에 맞는 표정을 짓게 하여 사진을 찍어 주고, 스스로의 표정을 보면서 감정을 구분하게 하면 아이 스스로 표정을 지을 때 어떤 부분을 강조해야 하는지 알 수 있습니다. 그러면서 점점 감정에 맞는 표정을 찾아가게 되는 것이죠.

표정훈련 4단계 - 동화의 내용에 맞게 표정 지어보기

엄마와 함께 표정훈련

엄마와 함께 한 가지 동화를 읽으며 그 내용에 맞게 표정을 지어 보는 것입니다. 이렇게 동화 내용에 맞게 표정을 지으며 동화를 읽다 보면 자연스럽게 표현력도 키워지겠죠?

(2) 표현력 제2요소 목소리!

학창시절에 이런 선생님 꼭 있죠? 먼저, 수업 준비는 엄청 열심히 하시는데 계속 졸음을 유발시키는 선생님! 수업 내용은 엄청 긴데 머리에 남는 게 없었던 선생님! "마지막으로~"라는 말을 연거푸 하시며 조회를 끝내지 않던 교장 선생님까지!! 우리를 공부로부터 멀~어지게 만든 이런 선생님들의 특징은 바로! 낮은 저음, 또는 한 톤으로 말하는 표현력 없는 목소리 때문인데요. "오늘 가장 중요한 핵심은 바로 이것이다." 하고 이야기하시면서도 목소리 톤은 전~혀 중요하게 들리지 않는 것이죠. 한 톤으로 계속 이야기 하면 마치 그 내용이 자장가처럼 들려서 졸음을 유발하고, 그 긴 내용 중에 핵심이 전혀 들리지 않는 것입니다. 그래서 표현력에 있어서 목소리의 변화가 굉장히 중요한 것이죠.

표현력 있는 목소리 훈련 - 감정 목소리

발성 훈련에서 배웠던 1, 5, 10 계단 발성을 활용해 목소리 훈련을 복습하며 목소리 크기를 조절하는 연습을 해봅니다. 그리고 감정 별로 목소리 크기를 어떻게 조절하는 것이 효과적인지 정해 보는 거예요. '기쁨은 크게', '슬픔은 작게' 이런 식으로 감정별 목소리 크기만 조절해도 분위기 전환이 가능하여 감정 변화를 전달할 수 있답니다.

그럼 연습해 볼까요?

감정	대사	소리크기
기쁜 표정	우와~ 정말 신난다.	5의 소리 / 10의 소리
슬픈 표정	엄마한테 혼나서 너무 속상해.	5의 소리 / 1의 소리
화난 표정	네가 그러니까 정말 화가 나.	10의 소리

여기에 표현력을 더 높일 수 있는 꿀 TIP!

각 대사 앞에 의성어, 의태어를 붙여주고 시작하면 더 맛있는 말하기가 완성 된답니다~!!

감정	대사	소리크기
기쁜 표정	(우하하) 우와~ 정말 신난다.	5의 소리 / 10의 소리
슬픈 표정	(흑흑) 엄마한테 혼나서 너무 속상해.	5의 소리 / 1의 소리
화난 표정	(으아~!) 네가 그러니까 정말 화가 나.	10의 소리

이렇게 앞에 의성어, 의태어를 붙여주면 어색한 로봇대사를 하던 친구도 좀 더 자연스럽고, 리얼한 감정 표현이 가능합니다.

표현력 있는 목소리 훈련 - 강조법

목소리 크기를 조절해 감정을 표현하는 법을 배웠다면, 이번엔 목소리를 조절해 발표에서 내용의 전달력을 높이는 '강조법'을 익혀 볼까요?

강조법은 TV 속 리포터들의 리포팅을 보면 가장 잘 나타나는데요.

> 안녕하세요? 예소스 리포터 ○○○입니다. 오늘 제가 찾아온 곳은 우리나라에서 가장 크고 아름다운 섬! 바로 제.주.도입니다. 제주도는 그 명성에 걸맞게 관광객들이 정~말 많네요. 그럼 한 관광객과 인터뷰를 한 번 해 볼까요? "안녕하세요? 제주도에 오니 기분이 어떠세요?" "경치가 좋아서 그런지 기분이 너~무 좋아요." "네~ 그 말을 들으니 저도 덩달아 기분이 좋아지네요." 제주도 자랑! 해도 해도 끝이 없는 데요. 하지만 아쉽게도 제주도 소개는 여기까지 해야겠네요. 다음 주에도 더 활기찬 모습으로 찾아뵙겠습니다! 지금까지 리포터 ○○○이었습니다. 고맙습니다~

리포터는 시청자 대신에 현장을 방문에 현장의 경치나 느낌을 생생하게 전달하는 직업입니다. 그래서 리포터의 말하기를 배우면 표현력 넘치는 말하기를 습득할 수 있답니다. 리포터의 말하기를 잘 들어 보면 말의 리듬을 느낄 수가 있는데요. 이것을 잘 습득하면 맛있는 말하기, 재미있는 말하기를 완성할 수 있답니다. 리포터 말하기의 '리듬'을 배우려면 리포터의 말하기 속에 숨은 '강조법'을 배우는 것이 중요합니다.

함께 리포팅을 보며 숨은 강조법을 배워 볼까요?

〈내 말의 집중도를 높이는 4가지 강조법〉
① **올림강조**

올림강조는 가장 흔히 사용되는 강조법으로 중요하다고 생각하고, 강조하고 싶다고 생각하는 부분을 세게 말하는 강조법입니다. 올림 강조를 훈련할 때 포인트는 내가 강조할 부분을 확실하게 힘을 주어 크고, 세게 말하는 것입니다. 힘을 줄 때 분명하게 힘을 주어야 듣는 사람도 그 의미를 확실하게 전달 받을 수 있는 것이죠. 올림 강조를 활용해 아래 글을 읽어 볼까요?

"나는 첫 번째 의견이 가장 옳다고 생각해."

이 문장에서 '나는'에 올림 강조를 사용하면

"**나는** 첫 번째 의견이 가장 옳다고 생각해."
다른 사람이 아닌 '나'를 강조할 수 있고,

'첫 번째 의견'에 올림강조를 사용해 읽으면

"나는 **첫 번째 의견**이 가장 옳다고 생각해."
다른 의견보다 '첫 번째' 의견에 청중들이 집중하게 되는 것이죠. 이렇게 올림 강조를 사용해 글을 읽다 보면 말에 리듬이 생겨 지루할 틈이 없는 재미있는 말하기가 될 뿐 아니라, 말의 내용 중에 내가 가장 중요하다고 생각하는 부분을 듣는 사람에게 확실하게 전달할 수 있는 효과가 있습니다.

② 내림 강조

내림 강조는 내가 강조하고 싶은 부분을 내려서 말하거나 작게 말함으로써 강조하는 방법이며 주로 '실패, 슬픔, 실망' 등 부정적인 단어와 함께 사용했을 때 효과적인 강조법입니다. 그럼 내림 강조를 활용해 아래 글을 읽어볼까요?

"부모님께 꾸중을 들어 속이 상합니다."

"부모님께 꾸중을 들어 속이 상합니다."

청중에게 내 감정과 의미를 마음에 와 닿게 표현할 수 있답니다.

③ 물결강조

이것은 우리가 평소에 가장 많이 쓰는 강조법인데요.

예를 들어 "정~말 좋아.", "너~무 싫어."처럼 내가 강조하고 싶은 단어의 모음 길이에 변화를 줌으로써 말하는 사람의 감정을 실감나게 표현하는 방법입니다. 물결강조를 활용해 다음 문장을 읽어볼까요?

"나는 너와 노는 것이 정말 좋아."

이 문장에서 '정말'을 물결강조로 표현하면, 그 문장의 전체적인 감정이 그냥 문장을 읽을 때에 비해 훨씬 실감나게 표현 될 수 있습니다. 내가 말하는 문장과 감정을 더 생생하고, 실감나게 표현하고 싶다면 이 물결강조를 사용해보세요.

"나는 너와 노는 것이 정~말 좋아."

④ 쉼 강조

쉼 강조는 일반적으로 퍼즈(PAUSE)라고도 하는데요. 즉, 내가 강조하고자 하는 단어나 문장 앞에서 효과적인 의미전달을 위해 잠깐 멈추는 것을 의미합니다. 수업시간에 친구들과 잡담이나 다른 행동을 하다가 선생님께서 말씀을 멈추시면 학생들이 "왜 갑자기 조용하지?" 하고 선생님께 집중을 하게 되는 데요. 이것이 바로 '쉼 강조'의 가장 좋은 예라고 할 수 있습니다. 어떤 상황에서 말을 하다 멈추면 청중들은 집중하지 않다가도 "왜 말을 멈추지?", "이제 곧 중요한 말을 하겠구나." 하는 생각으로 순간 발표자에게 집중을 하게 되는 것이죠. 이 쉼 강조를 효과적으로 사용하면 더 긴장감 있고, 귀에 쏙쏙 들어오는 말하기를 할 수 있답니다. 쉼 강조를 활용해 다음 문장을 읽어볼까요?

"제가 가장 소중하게 여기는 것은 바로 /// 우리 가족입니다."

표시가 된 부분에서 속으로 3초 정도 쉬게 되면 충분한 쉼 강조의 효과를 얻을 수 있습니다.

쉼 강조를 사용할 때는 확실하게 쉬어주는 것이 중요합니다. 그렇지 않으면 오히려 어설프게 보일 수도 있기 때문이죠.

⚠️ 강조법 완벽 마스터 TIP!

　센터에서 강조법 교육을 하다 보면 자신이 쓴 글에 강조법을 표시하는 것을 어려워하는 친구들이 생각 보다 많습니다. 강조할 부분을 못 찾는 친구도 있고, 스스로는 강조한다고 힘을 주지만 듣는 사람은 전혀 차이를 느끼지 못하는 경우도 있습니다. 또, 본인은 A부분을 강조하고 싶은데 몸이 의지와 다르게 B를 강조하고 있는 경우도 있죠. 이런 친구들을 위한 강조법 완벽 마스터 TIP을 알려드릴게요!

　아이들에게는 문장을 읽으며 즉흥적으로 강조할 부분을 찾는 것은 쉬운 일이 아닙니다. 그렇기 때문에 어린이 스피치에서는 강조법을 알려준 후 강조법 활용 프로세스를 알려 주어야 합니다.

강조법 활용 프로세스

1단계) 내가 강조하고자 하는 문장을 읽는다.
2단계) 문장 중에 내가 강조하고 싶은 단어나 어절을 표시한다.
3단계) 4가지의 강조법 중 어떤 방법으로 표현할지 정한다.
4단계) 그 강조가 내가 강조하고 싶은 단어나 문장에 어울리는 지 확인한다.

　그럼 다음 문장을 위의 프로세스를 활용해 연습해 볼까요?

"나는 이 목표를 달성하기 위해 최선을 다할 것이다."

"내가 원하는 것은/// 모두 한 마음이 되어 힘을 합치는 것이다."

"나는 이번 실패로 많은 것을 얻었다."

"기회는 준비된 자에게 오는 것이다."

"노력하는 나를 이길 것은/// 그 무엇도 없다고 생각한다."

프로세스를 활용해 연습하니 어떤가요? 강조법이 조금 쉬워졌죠?

이제 강조법을 어디에 어떻게 활용할지 알았다면 그것을 목소리의 크기를 조절하고, 길이를 조절해서 표현을 하는 연습을 할 줄 알아야 하는데요. 그럼 지금부터 강조법을 제대로 익힐 수 강조법 완벽 마스터 게임으로 강조법을 재미있고, 쉽게 익혀볼까요?

〈강조법 완벽 마스터 게임〉

동요를 활용한 강조법 알기

강조법은 음악의 박자와 비슷한 면이 많습니다. 예를 들어 내가 원하는 부분을 세고, 크게 강조하는 올림강조는 음악의 크레셴도(점점 세게)와 비슷하고, 내가 원하는 부분을 작고, 낮게 강조하는 내림강조는 음악의 데크레셴도(점점 작게)와 비슷하지요. 그래서 음악을 좋아하고, 잘하는 친구일수록 강조법도 쉽게 받아들일 수 있습니다. 그럼 아이들의 쉬운 이해를 위해 동요를 활용한 강조법 게임을 배워볼까요?

동요 강조법 게임

1단계) 한 가지 동요를 정한다.
2단계) 각자 다른 미션 단어를 준다.
3단계) 자신의 미션 단어에서만 강조를 활용해 크게 발성한다.
4단계) 틀리지 않고, 정확하게 미션을 성공하면 승리!

같은 문장 다른 느낌 게임

1단계) 한 문장을 준비한다.
2단계) 4가지 강조법이 적힌 쪽지를 준비한다.
3단계) 내가 뽑은 미션 종이의 강조법 대로 문장을 읽으면 미션 성공!

이렇게 지속적으로 연습을 하면 귀에 쏙쏙 들어오는 집중력을 높이는 강조법을 쉽게 습득할 수 있답니다.

(3) 표현력 3요소 제스처!!

제스처는 말을 효과적으로 전달하는 수단 중 하나인데요. 내가 말하고자 하는 내용을 좀 더 맛깔스럽고, 전달력 있게 표현 할 수 있는 표정, 손 동작 등 표면적인 모든 수단을 뜻합니다. 내가 말하고자 하는 내용에 제스처를 넣는다고 하면, 어떤 제스처를 어떻게 사용해야 할지 몰라 어렵게만 생각하는 친구들이 많은데요. 사실 우리는 이미 생활 속에서 많은 제스처를 사용하고 있답니다. 다음 제스처를 보고, 어떤 뜻인지 생각해 볼까요?

 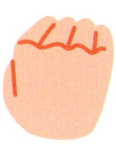 

첫 번째 제스처는 '오케이'를 뜻하고, 두 번째 제스처는 '파이팅'을 뜻하며, 세 번째 제스처는 '최고'를 뜻하는 제스처죠? 우리가 주로 사용하는 이런 제스처를 내가 말하고자 하는 내용에 적절히 잘 섞어서 사용한다면 훨씬 풍성하고 효과적인 말하기가 될 수 있습니다.

그럼 말을 효과적으로 전달하기 위한 제스처를 조금 더 배워볼까요?

 손가락 강조: 한 단어를 강조 하거나 '하나'의 의미를 강조할 때 사용

 손바닥 강조: 내가 원하는 단어 강조할 때 사용

  양 손 사용: 권유나 질문하거나 '여러분' 하고 청중을 부를 때 사용

그럼 앞의 제스처를 글 속에서 활용해 볼까요?

여러분은 어떤 꿈을 가지고 (양손 벌려)계신가요? 선생님, 연예인, 의사까지!! 우리가 할 수 있는 꿈은 (두손 원 그리며)다양합니다. 우리의 꿈은 다양하지만 꿈을 이루는 데 꼭 (손가락)한 가지 조건이 필요합니다. 바로 (손바닥 강조)노력인데요. 노력 없이는 어떤 것도 이룰 수 없습니다. 꿈을 이루고 싶다면 지금부터 열심히 꿈을 향해 노력해 보세요. 꼭 꿈을 이룰 수 있을 겁니다. 모두 꿈을 향해 (파이팅 주먹) 파이팅 입니다.

(4) 표현력 제4요소 어휘력!

어휘력이 부족하면 아이가 자신이 원하는 바를 제대로 설명하지 못하게 됩니다.

말에 '어..어..'하고 버퍼링이 생기고 '그 뭐더라? 아니야.' 하며 자신이 표현하고 싶은 것을 포기하게 됩니다. 그러다 보면 아이는 점점 말에 자신감이 떨어지고, 답답함에 짜증이 잦아지게 되는 것이지요. 때문에 우리 아이가 이런 증상이 있다면 아이의 어휘력을 키워줘야 합니다. 그렇다면 어떻게 우리 아이의 어휘력을 키워줘야 할까요?

우리 아이 어휘력 향상을 위한 어휘력 게임!!
어휘력을 향상시키는 스피드 게임

스피드 게임 사진

1단계) 우리 아이 연령에 맞는 다양한 단어를 준비한다.
2단계) 아이에게 단어를 보여주고, 설명하게 하고 다른 가족들이 그 단어를 맞춘다.

이 스피드 게임을 하다 보면 아이가 새로운 단어를 접하게 되어 어휘력이 늘게 됨은 물론, 아이가 알고 있는 단어와 모르는 단어를 점검할 수 있고, 아이가 평소 감정을 표현하는 단어에 약한지, 지식을 표현하는 단어에 약한지 부족한 어휘 분야 또한 파악할 수 있습니다. 더불어, '명사'에 약한지 '서술어'에 약한 지도 알 수 있어, 어휘력을 어디부터 어디까지 채워줘야 할 지 점검할 수 있다는 장점이 많은 게임입니다.

단어 뽑아 문장 완성하기 게임

1단계) 아이가 어려워하는 단어 몇 가지를 쪽지로 준비한다.
2단계) 가위 바위 보를 하여 쪽지를 뽑은 후 그 단어의 의미를 설명한다.
3단계) 그 단어로 문장을 만들어 본다.

아이들 중에는 드라마나 어른들이 하는 말을 듣고, 말이 되지 않는 곳에 단어를 사용하는 오류를 겪는 경우가 많습니다. 예를 들어 "어차피 저는 좋아해요."처럼 자신이 하려는 말과 의미가 맞지 않는데도 어른들을 모방하는 지나친 일반화의 오류를 범하는 친구들이 많은데요. 이런 경우 그 단어가 정확히 어떤 의미인지 알려주고, 어떻게 사용하는지 설명해 주면 아이가 그 단어의 정확한 쓰임을 알 수 있겠죠? 하지만 말로만 알려주면 잔소리로 듣고 흘려버리기도 하고, 이해는 됐지만 활용이 어려울 수 있기 때문에 단어를 뽑아 문장으로 완성해 보는 것을 추천합니다. 문장으로 완성하게 되면, 재미있게 어휘를 배우면서도 정확한 단어 쓰임을 익힐 수 있으니까요.

의성어, 의태어 게임_ 마음이 통해요 게임

1단계) 다양한 의성어, 의태어 준비한다.
2단계) 서로 뒤돌아 선 후 단어를 보고, 생각나는 몸동작을 해 본다.
3단계) 서로 비슷한 몸동작을 하면 성공!

이 '마음이 통해요.' 게임은 표현력에 큰 영향을 미치는 의성어, 의태어를 공부하는데 효과적인 방법입니다. 몸으로 의성어, 의태어를 표현하며 그 느낌을 익히기도 하고, 엄마와 한 단어를 몸으로 표현하면서 서로 교감을 나눌 수도 있고, 같은 단어를 보고, 다른 표현을 하는 것을 보면서 다른 사람과 나의 '생각의 차이'를 인정할 줄 아는 훈련까지 할 수 있답니다.

의성어, 의태어_몸으로 말해요.

1단계) 다양한 의성어, 의태어 준비한다.
2단계) 몸으로 의성어, 의태어를 설명한다.
3단계) 많이 맞춘 사람이 승리!

아이들이 어린 나이에 너무 많은 어휘를 공부할 필요는 없지만, 자신의 생각이 성장하는 속도와 말이 성장하는 속도를 맞춰주지 않으면 말에 버퍼링이 생기기도 하고, 말의 순서가 뒤죽박죽되는 경우도 많습니다. 이런 현상들을 지속적으로 겪다 보면 아이가 말하는 것에 자신감과 흥미를 잃을 수 있기 때문에 우리 아이가 말을 함에 있어서 불편함을 느끼지 않게 연령에 맞는 기본적 어휘들을 익힐 수 있게 도와주는 것이 필요합니다.

<말이 빠른 아이 VS 말이 느린 아이>
스피치 속도 조절 절대 비법

"우리 아이는 말이 너무 빨라서 발음이 다 뭉개져 들려요."
"우리 아이는 말이 너무 느려서 답답해 죽겠어요."

말의 속도는 우리 아이의 성격을 반영하기도 합니다. 예를 들어 말이 빠른 아이의 경우 '자신감은 있지만 성격이 급하고', '진취적인 면'이 많습니다. 반대로 말이 느린 아이의 경우 '성격이 신중하고 느긋하거나', '진중한 편'인 경우가 많습니다. 하지만, 듣는 사람을 고려하지 않는 속도의 말하기를 한다면, 내 말의 집중도도 떨어질 뿐 아니라 상대방의 기분을 상하게 할 수도 있습니다. 성격을 하루아침에 고칠 수 없듯 말하기 역시 하루아침에 고쳐지지는 않겠죠. 그렇기 때문에 꾸준한 훈련이 필요합니다.

(1) 말의 속도를 위반하게 하는 세 가지 원인!

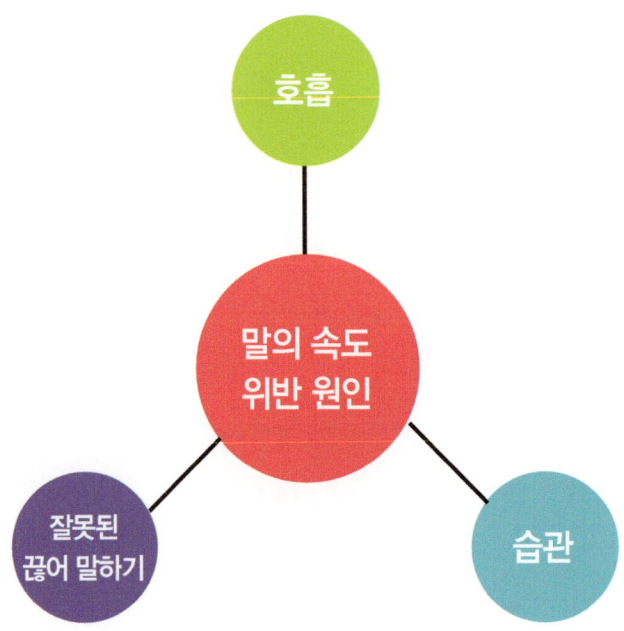

　말 속도가 느리거나 빠른 문제의 가장 큰 원인은 바로 호흡입니다. 말을 할 때 적당히 호흡을 들이마시고, 내쉬어야 적절한 속도의 말하기가 가능한데요. 내가 말 할 내용 보다 숨을 적게 들이 마시거나 제대로 내쉬지 못하고 머금고 말을 하는 경우 말의 속도가 빨라지고 숨이 차게 되며, 소리가 안으로 먹어 들어가 전달력이 떨어질 뿐 아니라 발음도 부정확하게 들립니다. 말하기는 도미노와 같아서 스피치의 기본인 호흡이 제대로 이루어 지지 않으면 말의 속도, 발음, 전달력까지 모두 무너질 수 있습니다. 그렇기 때문에 속도법을 배우기 전 다시 한 번 복식호흡을 체크해 보는 것이 좋습니다.

말의 속도를 위반하게 하는 두 번째 원인은 바로 잘못된 '끊어 말하기' 때문인데요.

끊어 말해야 할 부분에 숨이 부족해 몰아치듯 말하면 말의 속도가 빨라지고, 끊어 말하지 않아도 될 부분에 자주 끊어 숨을 쉬며 말을 하게 되면 말의 속도가 느려져, 제대로 의미를 전달할 수 없을 뿐만 아니라 지루한 말하기가 될 수 있습니다.

세 번째는 습관적으로 말의 어미 부분이나 특정부분을 빠르게 후루룩 얼버무리며 말하는 경우입니다. 어미 부분을 빠르게 말하면 "~했슴다."처럼 발음하게 되고 그러면 가장 중요한 동사가 제대로 들리지 않아 의미 전달이 어렵겠죠. 또한, 덩어리로 말하며 말을 얼버무리며 넘어가면 발음 역시 뭉개져 무슨 말인지 알아들을 수가 없습니다. 이런 경우에는 스타카토 발성을 이용해 문장의 음가를 하나씩 힘을 줘서 띄어 읽어 본 후 의미 별로 나누어 다시 읽어 보면 속도 조절에 도움이 될 수 있으니 꼭 참고하세요.

(2) 우리 아이 말의 속도 체크

"너 왜 이렇게 말이 빨라? 무슨 말인지 모르겠어."
"어휴, 답답해. 빨리 좀 말해."

이런 말을 자주 듣는 아이라면 항상 궁금할 것입니다. '내 말이 빠르거나 느리다면 대체 적당한 속도는 무엇일까?', '어떻게 해야 말의 속도를 맞출 수 있을까?' 하지만 대부분의 부모님들은 우리 아이들에게 "천천히 말해.", "빨리 말해." 등의 지적만 할 뿐 방법을 알려주지 못하죠. 그렇다 보니 아이들이 '나의 말하기가 잘못됐구나.'라고 인지해 말수가 줄어들거나 반항을 하는 잘못된 결과를 가져오는 안타까운 경우가 많습니다. 즉, 우리 아이의 말이 빠르고 느리다는 평가는 내리는 것이 중요한 것이 아니라, 어느 정도 속도가 적당한지, 그리고 어떤 방법으로 말의 속도를 잡아가야 하는 지를 아이에게 알려줘야 하는 것이 중요한 것입니다. 그래서 우리 아이 말의 속도에 대한 고민이 있으신 학부모님들을 위해 우리 아이의 말의 속도를 체크하는 방법과 말의 속도가 느린 아이, 빠른 아이를 어떻게 코칭해야 하는지 알려드리고자 합니다.

우리 아이 말의 속도 진단

아래 준비한 글을 1분 동안 타이머를 맞춰 놓고, 아이의 평소 속도에 맞춰 어디까지 읽을 수 있는지 표시해 봅시다.

자신감은 어떤 일을 잘 해낼 수 있다는 믿음이지. 만약 네가 퍼즐 맞추기를 다른 친구들보다 더 빨리 정확하게 잘한다면, 퍼즐 맞추기에 대해 자신감을 갖고 있을거야. 그런데 이렇게 특정한 일을 잘할 때 보이는 자신감과는 다른 '자존감'이라는 감정이 있어(100). 자존감은 자기 스스로가 가치 있고, 소중한 사람이라는 느낌을 갖는 거야. 너의 소중함을 돈으로 계산하면 얼마 정도가 될까? 10억? 100억? 1,000억? 얼마를 생각했든 그 돈은 네 값어치에 비하면 큰돈이 아니야. 너는 이 세상에 딱 하나밖에 없는 사람이니까. 이 세상(200)에는 값을 매기는 법칙이 있어. 하나밖에 없거나 아주 조금밖에 없는 것일수록 값이 비싸지지. 숫자가 적고 희귀할수록 값도 비(250)싸고 소중히 다루어진단다. 이 세상에 너랑 똑같이 생긴 사람은 없어. 아무리 꼭 닮은 쌍둥이라도 자세히 들여다보면 조금씩 다(300)르거든. 더구나 너랑 똑 같은 성격, 좋아하는 음식, 잠자는 버릇, 말하는 습관 등을 가진 사람은 세상에 단 한 명도 없단다. 그러니 네(350)가 얼마나 귀하고 소중하니? 가족들과 다른 사람들이 너를 존중해 주는 것은 중요해. 이야기를 잘 들어주고, 무시해서는 안 되지(400). 하지만 가장 중요한 건 네가 스스로를 존중하고 자랑스러워해야 한다는 거야. 스스로를 무시하면 다른 사람도 쉽게 무시하거든. [함규정선생님 외 아주 친절한 감정 수업– 함규정 중에서.]

200음절 내외: 말의 속도가 느린 편

250음절 내외: 적당한 속도

350음절 내외: 말의 속도가 빠른 편

어린이와 어른의 '말의 속도' 기준은 차이가 있습니다. 어린이 스피치에서의 적정 속도는 초등학교 저학년의 경우 250음절 정도가 적정하며 초등학교 고학년의 경우는 300음절 정도가 적당합니다. 유아나 초등학교 저학년의 말 속도 체크는 쉬운 동화책으로 하는 것이 좋은데요. 그 이유는 문장에 어려운 단어가 있거나 이해가 어려운 문장이 있으면 아이들이 버벅거리는 시간으로 인해 제대로 된 속도 체크가 어렵기 때문이죠. 이렇게 속도법을 체크하다 보면 오독이 심한 아이가 발견되는 경우가 많은데요. 심한 긴장이 이유가 되기도 하고, 책을 많이 읽지 않거나, 책을 소리 내어 읽는 훈련이 되어 있지 않은 점이 이유가 되기도 합니다. 이런 아이의 경우는 매일 낭독 연습이 필요한데요. 교과서든 동화책이든 천천히 오독 없이 낭독하는 연습을 매일 10분씩이라도 할 수 있게 하고, 아이가 읽은 것을 녹음해서 아이 스스로 들을 수 있게 하면 일주일만 지나도 아이의 낭독 실력이 눈에 띄게 향상된 것을 느낄 수 있을 것입니다.

(3) 말의 속도가 느린 경우

말의 속도가 느린 사람은 신중하고 차분해 보인다는 장점이 있지만, 반면 둔하고 두뇌 회전이 느린 사람이라는 인상을 줄 수 있습니다. 또한, 말의 속도가 느려 말의 내용이 지루하게 느껴질 수 있음은 물론, 말끝이 늘어지는 습관까지 있다면 말의 신뢰도 또한 떨어질 수 있습니다. 그렇기 때문에 신중하고 차분해 보인다는 장점을 취하면서도 단점을 상쇄하려면, 지금보다 약간 속도를 높이는 것이 좋겠죠?

* 말의 속도가 느린 원인과 솔루션

말의 속도가 느린 경우는 다양한 원인이 있는데요. 첫째, 지나치게 많이 띄어 읽기를 하는 경우입니다. 아래의 글을 읽으며 끊어 읽기를 표시해 볼까요?

> 자신감은 어떤 일을 잘 해낼 수 있다는 믿음이지. 만약 네가 퍼즐 맞추기를 다른 친구들보다 더 빨리 정확하게 잘한다면, 퍼즐 맞추기에 대해 자신감을 갖고 있을 거야. 그런데 이렇게 특정한 일을 잘할 때 보이는 자신감과는 다른 '자존감'이라는 감정이 있어.

여기서 잠깐!
끊어 읽기 VS 띄어 읽기
끊어 읽기는 '문장의 의미' 별로 한 문장에 한두 번 정도 끊어 읽는 것을 뜻합니다. 하지만 띄어 읽기는 띄어쓰기 한 부분을 모두 끊어서 읽는 것을 뜻하는데요. 끊어 읽기와 띄어 읽기의 의미를 잘 생각하면서 끊어 읽기를 표시해 보세요.

그럼 이제 내가 끊어 읽기를 제대로 했는지 체크해 볼까요? 보통 띄어 읽기는 한 문장에 한, 두 번 정도가 적당합니다.

> 자신감은/ 어떤 일을 잘 해낼 수 있다는 믿음이지.// 만약 네가 퍼즐 맞추기를 다른 친구들보다 더 빨리 정확하게 잘한다면,/ 퍼즐 맞추기에 대해 자신감을 갖고 있을 거야.// 그런데 이렇게 특정한 일을 잘할 때 보이는 자신감과는 다른/ '자존감'이라는 감정이 있어.//

문장이나 단어에 강조를 하기 위해 전략적으로 쉬는 경우가 아니라면 띄어 읽기는 한 줄에 한 두 번이면 충분하며 문장이 끝났을 때는 조금 더 오래 쉬어주면 의미 전달이 더욱 효과적일 수 있습니다. 그럼 끊어 읽기 표시대로 위의 문장을 읽어볼까요?

둘째, 호흡이 모자라 너무 숨을 자주 마시는 경우입니다.
이런 아이들은 대부분 말을 할 때 "안녕하세요. (흡~) 저는 (흡~) ○○○입니다. (흡~)" 하며 숨소리가 크게 들리는 경우가 많습니다. 단어가 끝날 때마다 숨을 들이 마시면 당연히 말의 속도가 느려지고, 귀에 거슬리는 숨소리 때문에 말의 내용에 집중하는 것이 어려울 수 있습니다. 이런 경우는 호흡의 길이를 늘려주고, 처음엔 한 숨에 두 단어, 다음엔 한 숨에 한 문장, 그 다음엔 한 숨에 두 문장을 읽히면서 숨을 늘려주는 연습을 하는 것이 효과적입니다.

그럼 한 숨으로 다음 문장을 읽어볼까요?

[1] 나는 한 문장을 끝까지 읽을 수 있다.
[2] 나는 한 문장 뿐 아니라 두 문장도 읽을 수 있다.
[3] 나는 여러 문장을 한 숨에 끝까지 읽을 수 있다.

1단계 미션: 한 숨으로 [1] 읽기
2단계 미션: 한 숨으로 [2] 읽기
3단계 미션: 한 숨으로 [3] 읽기
4단계 미션: 한 숨으로 [1], [2] 읽기
5단계 미션: 한 숨으로 [1], [2], [3] 읽기

이렇게 단계 미션으로 호흡도 늘리고, 성취감도 느낄 수 있게 한다면 1석 2조의 효과를 누릴 수 있겠죠?

셋째, 생각의 속도가 느려 말이 느린 경우인데요. 이런 경우는 한 가지 주제로 빠르게 다양한 생각을 하는 연습이 필요합니다. 이럴 때 가장 효과적인 방법이 브레인스토밍을 활용하는 것인데요. 브레인스토밍을 활용해 연습하면 빠르게 생각의 재료를 확보할 수 있음은 물론, 다양한 영역으로 생각을 확장시키며, 나의 말의 풍부한 재료들을 확보할 수 있게 됩니다. 브레인스토밍의 방법 중 가장 효과적이면서도 잘 알려진 것이 바로 마인드맵인데요. 마인드맵은 생각을 다양하게 끌어낼 수 있으면서도 생각을 한 페이지로 한 눈에 볼 수 있도록 정리가 가능해서 가장 효과적인 브레인스토밍 방법으로 손꼽히고 있습니다.
(마인드맵 스피치와 관련된 부분은 [4교시] 논리적 말하기 부분에 자세

히 설명되어 있습니다.)

 앞서 언급했던 것처럼 스피치에서의 마인드맵의 방법은 크게 두 가지가 있습니다.

 먼저, 첫 번째 방법은 확산형 스피치 마인드맵입니다.
 이런 아이에게 추천합니다.
 '한 가지 주제로 여러 가지 생각이 어려운 아이'
 '생각의 속도가 느린 아이'
 '생각은 있으나 정리가 어려워 말을 못하는 아이'

 확산형 스피치 마인드맵은 한 가지 주제를 생각나는 대로 펼쳐 최대한 많은 생각을 끄집어내는 방법인데요. 어떤 생각이든 제약 없이 마구 끄집어 낸 후 끄집어 낸 다양한 생각들을 카테고리 별로 정리하여 이야기 하는 말하기 방법입니다. 이 방법으로는 주제에 대한 다양한 생각 및 창의적인 생각을 해내는 훈련이 가능합니다.

 스피치 마인드맵의 두 번째 방법은 소주제 스피치 마인드맵입니다.
 이런 아이에게 추천합니다.
 '말에 핵심이 없는 아이'
 '한 가지 주제로 말을 오래 못하는 아이'
 '확산형 스피치 마인드맵의 어려움을 느끼는 아이'
 먼저 소주제 스피치 마인드맵은 주제에 따른 주 가지의 대 주제를 정하고 그것을 중심으로 생각을 끄집어내는 스피치 마인드맵 기법입니다. 소주제 스피치 마인드맵은 주제에 대해 좀 더 구체적으로 생각을 끄집어 낼 수도 있고, 이미 대주제가 정해져 있기 때문에 좀 더 논리적으로 생각을 정리할 수 있다는 장점이 있습니다. 우리 아이의 말 속도가 느린 원인이 더딘 생각의 속도 때문이라면 오늘부터 매일 한, 두 가지의 주제로 마인드맵을 시작해 보는 것을 적극 권해드립니다.

 말의 속도가 느린 네 번째 원인은 말이 생각의 속도를 따라가지 못하는 경우입니다. 쉬운 이해를 위해 우리가 운동회 때 자주 하는 이인삼각 경기를 예로 들어 설명 드리겠습니다. 이인삼각 경기는 두 사람이 같은 속도와 같은 보폭으로 달려야지만 가속도가 붙고, 수월한 달리기가 가능하죠? 하지만 걸음이 엉키거나 보폭의 차이가 생기게 되면 버벅거리기만 할 뿐 좀처럼 앞으로 나아가기가 힘듭니다. 이처럼 내 머리 속의 '생각속도'를 말이 따라가지 못하면, 말을 버벅거리게 되고, '어…', '음…'등 생각하는 시간을 벌면서 하게 되는 습관어가 생기게 되어 말하기에 자신이 없는 사람처럼 보이게 되고, 심한 경우 말더듬이 생기는 경우도 있습니다. 이런 증상이 있는 경우는 머리를 거치지 않고, 말하는 훈련을 하면 도움이 되는데요. 즉, 주위의 풍경이나 지금 보이는 그대로를 머리를 거치지 않고, 말로 해보는 것입니다. 그럼 아래 그림을 보며 생각나는 대로 이야기를 해 볼까요?

"가을이라 그런지 날씨가 유난히 좋다. 그래서 그런지 오늘은 많은 아이들이 놀이터에서 신나게 놀고 있다. 미끄럼틀은 지금 경쟁이 치열하다. 4~5명의 아이들이 서로 미끄럼틀을 타고 싶어 눈치를 보고 있다. 하지만 싸우지 않고, 합리적으로 가위, 바위, 보를 하며 순서를 정하고 있는 것을 보니 참 대견스럽기도 하고, 귀엽다. 저 모습을 보니 나의 어린 시절이 떠오른다. 나도 어린 시절에…"

이런 식으로 놀이터의 눈의 보이는 이야기를 생각을 거치지 않고, 쭉 떠올려본 후 자연스럽게 내 머리 속의 이야기를 이어서 하는 연습을 하다 보면 점차 생각하는 시간이 줄어들고, 더듬는 현상이 조금씩 사라질 것입니다.

(4) 말의 속도가 빠른 경우

말의 속도가 빠른 사람은 성격이 굉장히 진취적이고, 자신감이 있어 보인다는 장점이 있지만 빠른 말로 인해 전달력이 떨어지고, 발음이 뭉개지는 경우가 많아 말의 내용을 제대로 전달하기가 힘든 경우가 많습니다. 이로 인해 다른 사람들을 배려하지 않는 사람처럼 보일 수도 있고요. 또, 불안하고, 초조한 사람처럼 보여 다른 사람으로 하여금 신뢰를 잃을 수 있습니다. 우리 아이가 말이 빠르다는 이야기를 자주 듣는다면 말의 속도를 조금 늦춰주어 또래 사이에 원활한 의사소통이 가능하게 도와주면 좋겠죠?

말의 속도가 빠른 원인과 솔루션

첫 번째, 호흡이 부족해 말이 빨라지는 경우입니다.

호흡부족은 말이 빠른 원인이 되기도 하고, 말이 느린 원인이 되기도 하는데요. 호흡이 부족하면 말을 잘하는 데 있어서 많은 걸림돌이 생기게 됩니다. 호흡은 부족한데, 성격이 급해서 하고 싶은 말이 많은 친구는, 한 호흡 안에 많은 단어를 이야기해야하기 때문에 말이 빨라질 수밖에 없겠죠? 이런 친구는 발표하기 전 발표 원고에 끊어 읽기를 표시해 주고, 말의 중간 중간에 숨을 쉬는 연습을 시켜주는 것이 좋습니다.

두 번째, 하고 싶은 말이 많은 친구들입니다.

보통 하고 싶은 말이 많아서 말이 빨라진 경우의 친구들은 형제가 많거나 부모님께서 바쁘신 것이 그 원인이 될 수 있습니다. 왜냐하면 부모님께서 아이의 말에 집중해주고, 들어주는 시간이 짧다는 것을 아이가 알고 있기 때문에 짧은 시간에 많은 이야기를 하는 것이 습관이 된 것이죠. 이런 친구의 경우 향후 친구들 사이에서 소통 문제가 생길 확률이 높습니다. 자신이 하고 싶은 말만 하고, 상대의 기분이나 상황을 배려하지 않기 때문에 친구들 눈에는 이 아이가 '자기 말만 하는 아이'로 비춰질 수 있기 때문이죠. 이런 친구의 경우는 별다른 트레이닝 없이 부모님의 노력만으로도 빠른 말하기를 교정할 수 있는데요. 우리 아이가 부모님들께서 아이의 말을 들어주는 시간이 짧아서, 그 짧은 시간에 많은 말을 하는 것이 습관이 돼서 말이 빨라진 경우라면 부모와 함께 하는 '매일 1분 대화'를 추천합니다.

여기서 말하는 '1분 대화'라는 것은 아이와 눈을 맞추고, 마주보고 앉아 온전히 아이의 말과 내용에 집중하는 '1분 대화'를 뜻합니다. 이를 통해 아이는 '엄마는 내 말을 잘 들어주고, 언제나 나에게 집중해주는 사람'이라는 것을 느끼게 됩니다. 또, 아이의 말에 호응하고, 아이의 감정을 읽어주는 대화를 한다면 '엄마는 나를 존중해주는 사람'이며 '나는 존중받을 만한 사람'이라는 것을 느끼게 되어 '자존감'도 높아질 수 있습니다. '1분 대화'의 힘은 이 뿐만이 아닙니다. '1분 대화'는 우리 아이의 '자존감'뿐 아니라 '사회성'도 높일 수 있는데요. 처음에는 자신의 말을 들어주는 엄마를 보며 말하는 재미를 느끼게 되고 이후에는 점차 나의 말을 듣고 있는 엄마의 생각이나 감정을 관찰하게 되면서 다른 사람의 감정이나 의견을 공감하는 공감 능력이 자라나게 됩니다. 예를 들어 대화를 하는 동안 엄마가 나의 말을 이해하고 있는지, 내가 말하고 있는 내용을 재미있어 하는 지 등을 관찰하게 되면서 상대의 감정이나 생각을 들여다보게 되는 것이지요. 그렇다 보면 자연스럽게 다른 사람의 감정이나 생각을 읽을 수 있는 능력이 자라나 '사회성'까지 키워질 수 있답니다.

매일, 아주 짧은 시간인 1분이지만 우리 아이의 삶을 달라지게 만들 아주 소중한 1분을 어떻게 보내야 하는 지 함께 배워볼까요?

1분 대화

1분 대화 사진

1단계) 부모와 아이가 눈을 보고, 손을 마주 잡는다.

2단계) 한 가지 주제를 정한다.

3단계) 타이머를 맞추고, 1분 동안 눈을 피하지 않고, 대화한다.

이렇게 1~2주만 연습해도 대화에 집중하지 못하고, 말이 빠르던 우리 아이가 상대방의 눈을 보고, 상대방에 말에 집중하며 호응하는 모습을 볼 수 있을 것입니다. 또, 빠른 말하기의 최대의 약점이었던 자신의 말만 막 쏟아내는 말하기가 아니라 다른 사람 말에도 귀를 기울일 줄 아는 말하기를 익힐 수 있을 것입니다.

어린이 스피치에서의 녹음 VS 동영상 촬영 효과

　요즘 키즈스피치 학원마다 동영상 촬영을 해서 피드백을 해주는 곳이 많습니다. 동영상 촬영은 아이들이 스스로의 모습을 체크하고 느껴 자신의 단점을 자발적으로 고친다는 장점이 있습니다. 하지만 실제로 동영상 촬영을 하면 아이들은 긴장을 하게 되어 제 실력이 나오지 않을 뿐만 아니라, 피드백을 위해 촬영 본을 같이 보면 자신의 스피치를 체크한다기보다는 자신의 외모를 보거나 부끄러워 보지 못해 스피치 자체에 관련한 피드백이 제대로 되지 않는 경우가 많습니다. 그렇기 때문에 이제 막 스피치를 시작해 보이스 트레이닝을 하는 아이라면, 동영상 촬영 보다는 녹음이 더 효과적일 수 있습니다. 녹음은 오롯이 자신의 목소리를 녹음하고 듣는 과정만 진행되기 때문에 훨씬 효과가 높습니다. 스피치에서 녹음 피드백을 효과적으로 활용하려면 꼭 지켜야 할 것이 있습니다. 바로 문장은 5~7문장을 넘지 않아야 한다는 것입니다. 왜냐하면 요즘 아이들은 소리에 집중하는 것이 굉장히 서툴기 때문에 문장이 길어지면 집중도 또한 떨어지면서 피드백 효과를 제대로 얻기 어렵기 때문입니다. 연령에 따라 차이는 있겠지만 처음에는 단순한 문장부터 시작해서 점차 문장을 늘려나가는 것이 좋겠죠?

6교시

회장선거 100전 100승 스피치 비법

엄마들이 회장선거에 열광하는 이유

"아이가 회장 선거에 나가려고 하는데 어떻게 하면 되나요?"
"회장선거 준비하는데 옛날하고 달라서 어디서부터 준비를 해야 할지 모르겠어요."

회장선거 시즌이 되면 많은 학부모님들이 저희 센터에 이렇게 문의를 주십니다. 실제로 요즘 회장선거는 예전 반장선거와 이름부터 확연히 다릅니다.

예전 회장선거 모습

예전의 반장 선거는 선거 당일 친구들의 추천을 받아 선출된 후보들이 앞에 나와 '저를 뽑아 주신다면 최선을 다하겠습니다.'라는 짧은 연설을 한 후 친구들의 선택을 기다려야 했습니다. 어찌 보면 예전의 반장은 '평소 품행이나 인기'의 척도라고 볼 수 있었지요. 하지만 요즘 초등학교 회장선거는 대통령선거, 국회의원 선거를 방불케 할 정도로 열기가 뜨겁습니다. 그만큼 회장이 되고 싶어 하는 친구들이 많다는 뜻이겠죠. 회장이 되고 싶은 친구들이 많은 이유는 회장이 되면 얻게 되는 많은 혜택 때문입니다. 회장이 되면 먼저, 생활기록부에 다른 친구들과는 다른 이력이 생기게 된다는 혜택이 있습니다. 실제로 저희 센터에 민사고 입학을 준비하는 친구의 경우 초등학교 5학년인 지금부터 회장선거, 교내 대회, 전국 대회에 이르기까지 다양한 포트폴리오를 순차적으로 준비해 가고 있습니다. 대입이나 특목중, 특목고의 수시 비중이 늘어나면서 일찍부터 대입과 특목중, 특목고를 준비하는 아이들은 '회장'이라는 특별한 이력을 만들기 위해 철저하게 선거를 준비하는 것입니다.

둘째로 회장선거는 아이들의 자존감을 단기에 향상시킬 수 있는 좋은 수단이 되기도 합니다. 저희 센터에는 회장선거 시즌이 되면 회장선거를 준비하는 친구들이 북적입니다. 이 중에는 회장 경험이 풍부한 친구도 있고, 처음 회장에 도전하는 친구들도 있는데요. 최근 회장이 된 초등학교 5학년 P군은 이전 학교에서 친구들의 괴롭힘으로 힘든 나날을 보내다 전학을 온지 얼마 안 된 친구였습니다. 겉모습만 봐도 주눅 든 모습에 작은 목소리로 연설하는 친구를 보며 '과연 회장선거 출마가 가능할까?' 생각이 들었습니다. 하지만 아이의 사연을 듣고 어떻게든 이 친구를 도와줘야겠다는 생각을 하게 됐고, 회장선거 준비와 동시에 자존감을 키우는 수업을 병행하였습니다. 처음엔 '전 회장 안 될 거예요. 친구들이 나 같은 애를 뽑아주겠어요?'라고 하던 친구가 시간이 지날수록 목소리가 커지고, 완벽하게 연설을 소화하는 자신의 모습을 영상을 통해 직접 확인하면서 '제가 될 수도 있겠네요.'라는 긍정적 자아를 인식하기 시작했고, 결국 이 친구는 전학 온 지 몇 일만에 학급회장으로 당선되어 지금은 리더로서 즐거운 학교생활을 하고 있습니다.

이렇듯 단 한 번의 회장 당선이 우리 아이 자존감에 엄청난 영향을 미치는 것을 볼 수 있는데요. 아이가 소심하다거나, 아이가 인기가 없다고 해서 회장을 포기하기보다는, 아이에 맞는 원고와 컨셉을 바탕으로 전략적인 접근을 통해 우리 아이에게 자존감을 높일 수 있는 기회와 도움을 주는 것은 어떨까요?

회장선거 백전백승 전략

요즘 회장선거는?

최근 회장선거 모습

앞서 말씀 드린 것처럼 요즘 회장선거는 대통령 선거나 국회의원 선거를 방불케 할 정도로 그 열기가 뜨겁습니다. 반 회장의 경우 추천을 하는 경우도 있고, 회장이 되고 싶어 하는 친구가 자진해서 선거에 출마하는 경우도 있다 보니, 반 회장 선거 후보가 보통 반의 과반수 정도가 된다고 합니다. 30명 중에 12~13명 정도가 후보로 나오니 평범한 유세로는 아이들의 이목을 끌기 어렵습니다. 전교회장선거의 경우는 그 열기가 더 뜨거운데요. 일부 사립학교의 경우는 대통령 선거처럼 누가 후보로 나갈지 사전조사를 하고 그 아이의 연설을 분석해 연설 전략을 짜는 경우도 있고, 미리 후배들에게 자신의 인지도를 높이기 위해 동아리 활동을 활발하게 하는 경우도 있을 정도입니다. 이렇게 열기가 뜨거우니 과연 이 경쟁 속에 '우리 아이가 당선될 수 있을까?', '괜히 내보냈다가 상처만 받는 것은 아닐까?' 생각하실 수도 있습니다. 하지만 미리 걱정하는 것은 금물! 우리 아이의 가능성을 믿고, 회장선거 백전백승 전략을 실천하면 당당히 당선된 우리 아이의 모습을 볼 수 있을 것입니다.

(1) 회장선거 백전백승 전략 1단계 _ 적을 파악하라!

적이라 함은 상대 후보 일수도 있겠지만 그보다 먼저 우리 학교 회장선거가 어떻게 진행되는 지, 몇 명을 뽑는지, 어떤 공약이 인기가 많은 지 사전 조사를 해야 합니다. 그래야 제대로 표심을 공약할 원고를 작성할 수 있을 테니까요.

출마할 선거를 정해라!

우리 아이와 아이가 학급 임원선거에 출마할지, 전교 임원선거에 출마할 지를 먼저 결정해야 합니다. 왜냐하면 학급 임원선거와 전교 임원선거는 콘셉트부터 공약, 원고까지 완전히 다르기 때문입니다. '전교 떨어지면 학급에서 나가 보지 뭐'라고 생각하며 전교 임원선거에 나갔던 원고를 그대로 학급임원선거에 사용하는 것은 낙선의 지름길이라는 사실을 잊지 마세요. 보통 초등학교나 중학교 임원선거 프로세스는 아래와 같습니다. 아래 프로세스를 참고해 아이와 어떤 선거에 출마할지 상의해 보시면 좋겠죠?

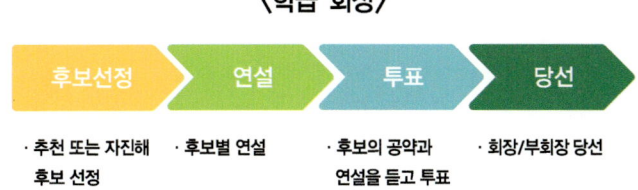

우리 반/우리 학교를 파악하라!

여러분은 음악을 들을 때 어떤 기준으로 좋은 음악과 그렇지 않은 음악을 구분하시나요? 가수가 노래를 잘하는지, 유명 작곡가가 곡을 썼는지, 멜로디가 좋은지 등을 생각하며 '이 음악 좋다.'라고 평가 내리는 사람은 별로 없을 겁니다. 우리는 그 노래의 가사가 내 이야기 같을 때 가장 몰입하고 감동할 수 있습니다. 그런 음악이 많은 사람의 마음을 움직여 인기를 끌게 되는 것이지요. 우리 아이 공약도 마찬가지입니다. 아무리 유명한 스피치 선생님이나 원고 제작 선생님들도 우리 아이보다 학교의 정보를 잘 알 수는 없습니다. 우리 반과 우리 학교의 특성과 현재 이슈가 되고 있는 사건, 유행하는 TV프로그램이나 연예인 등을 조사해서 친구들의 마음에 팍팍 꽂히는 공약과 연설문을 만들어야 합니다.

(2) 회장선거 백전백승 전략 2단계 _ 공약을 정해라!

공약 결정 필승 전략

1. 우리 학급/ 우리 학교 친구들이 불편해 하는 것이 무엇인지 찾아라!
예를 들어 급식이 맛이 없다면 급식에 관련된 이야기로 아이들의 마음을 움직일 수도 있을 것이며, 고장 나있는 사물함이 불편하다면 그 사물함을 고치는 것을 공약으로 내세우는 것이 마음을 움직일 수 있을 것입니다. 공약을 정하는 것은 과녁과도 같아서 얼마나 친구들의 마음을 잘 읽고, 파악하느냐에 따라, 아이의 화살이 과녁 정중앙에 꽂히는 '필승공약'이 되기도 하고, 과녁을 빗나가는 '헛공약'이 되기도 합니다.

2. 우리 반/ 우리 학교의 유행을 찾아라!
얼마 전 '응답하라~1988'이 큰 유행을 끌었었는데요. 이 때 아이들 선거에 가장 많이 등장했던 대사가 바로 '반갑구만~반가워요.'였습니다. 이처럼 그 때 가장 인기가 많으면서도 내 친구들이 장난삼아 많이 흥얼거리고, 따라하는 멘트를 넣어 원고를 만들면 원고가 지루할 틈이 없고, 공약

또한 귀에 쏙쏙 들어온답니다.

  3. 실천 가능한 공약을 찾아라!
 "학교에 잔디 운동장을 설치하겠습니다.", "우리 학교에 게임방을 만들겠습니다."등의 선심성 공약은 연설 당시에는 호응을 얻을 수도 있지만 아이들은 그것이 지킬 수 없는 공약이라는 사실을 모두 알고 있습니다. 그렇기 때문에 선거가 끝나고 나면 오히려 '거짓말쟁이'로 놀림을 받게 될 수도 있지요. 혹여 당선이 되더라도 '공약 대체 언제 지킬 거야?'하며 친구들의 원망을 사는 경우도 많습니다. 그렇기 때문에 우리 학급/학교 친구들의 불편함을 해결해 주면서도 실천 가능한 공약을 찾는 것이 중요합니다.

  (3) 회장선거 백전백승 전략 3단계 _ 친구들 마음을 움직이는 연설문 작성!

 "우리 아이가 발표도 어느 정도 하고, 회장 경험도 여러 번 있는데 원고 쓸 때마다 고민이 되요."
 "요즘 애들은 어떻게 원고를 써야 좋아해요?"
  엄마들 아이와 함께 회장선거 원고를 쓸 때마다 고민에 빠지게 됩니다. 도대체 어디서부터 어떻게 써야 할 지 감이 잡히지 않기 때문이지요. 이것은 아이들도 마찬가지일 수 있습니다. 톡톡 튀는 아이디어가 바로바로 나왔으면 좋겠지만, 아무리 머리를 쥐어짜 보아도 쉽게 찾기는 어렵지요. 이럴 때 유용한 연설문 작성 꿀 TIP을 지금부터 알려드리겠습니다.
  잘 보고, 따라해 보세요.

지루하게 들리는 장황한 말은 피하자!

"에~마지막으로~" 학창시절 교장선생님께서 자주 하시던 단골 멘트인데요. 마지막이 대체 왜 이렇게 긴지 곧 끝날 것이라고 생각하면 교장선생님의 훈화말씀은 끝없이 이어졌었습니다. 학생들을 위해서 하나라도 더 교훈을 주시고자 했던 것이었겠지만 어른이 된 지금! 우리는 그 내용을 단 하나라도 기억하고 있나요? 맞습니다. 우리는 전혀 그 내용을 기억하지 못합니다. 이렇듯 말이 길고, 어려운 말들을 늘어놓으면 그 말은 우리의 기억에 오래 남지 않습니다. 그렇기 때문에 연설문을 작성할 때는 문장을 간결하게 구성해야 한다는 사실을 잊지 마세요.

그럼 다음 원고를 비교해 보며 어떤 원고가 더 귀에 쏙쏙 들어오는지 생각해 볼까요?

교정 전) 안녕하십니까? 전교 어린이 회장 선거에 출마한 기호 1번 ***입니다. 학생 여러분, 옛말에 "태산이 아무리 높아도 소나무 아래에 있고, 강물이 아무리 깊어도 모래위에서 흐른다."는 말이 있듯이 제가 오늘 이 자리에 선 것은 결코 잘나고 똑똑해서가 아닙니다. 여러분과 학교를 위해 땀 흘려 일해 보겠다는 의욕 하나로 자신 있게 나섰습니다.

교정 후) 안녕하십니까? 전교 어린이 회장선거 후보 기호 1번 ***입니다. 제 얼굴을 봐 주십시오! 맞습니다. 저는 얼굴이 예쁘지 않습니다. 그럼 제 성적을 봐 주십시오!(성적표 보여주며) 저는 1등이 아닙니다. 하지만 우리 ○○초를 향한 제 마음은 어떤 후보에게도 지지 않을 자신이 있습니다. 대한 독립 만세! 저는 ○○초의 유관순이 되겠습니다. 나라를 위해 목숨 걸고 독립운동을 한 유관순 언니처럼 저도 우리 ○○초 어린이들의 행복을 위해 이 한 몸 바쳐 열심히 뛰겠습니다.

교정 전 원고는 한 친구가 부모님과 함께 쓴 원고였는데요. 원고가 담고 있는 의미는 굉장히 좋지만 마치 교장 선생님의 훈화말씀처럼 한 문장이 너무 길어서 귀에 쏙쏙 들어오지 않는 원고였습니다. 교정 후 원고를 읽어 볼까요? 교정 후의 원고는 아이들의 시선을 끌만한 멘트로 시작해 적절한 비유를 통해 아이들 머릿속에 한 가지 이미지를 확실히 심어주었습니다. 연설이란 짧은 시간 안에 효과적으로 나의 존재감을 각인시키고, 아이들을 설득 할 수 있어야 합니다. 문장이 길어지면 집중도와 호소력이 떨어질 수 있으니 유의하세요!

컨셉 잡기/ 비유를 사용하여 머릿속에 한 가지 이미지 심어 주기

보통 연설은 2분 정도 진행됩니다. 짧은 2분 안에 10명~15명 중에서 나를 인지시키기 위해서는 확실한 컨셉이 중요합니다.

백전백승 연설 컨셉 잡기

나의 평소 이미지 분석

평소 친구들에게 나의 이미지가 어떤가? 나의 별명은 무엇인가?

평소 장난기 많은 내가 진지한 연설을 한다면, 평소 진지한 내가 장난스런 연설을 한다면, 어울리지 않는 옷을 입은 것처럼 어색할 수 있겠죠? 그러니 평소 나의 이미지와 성격을 고려해서 컨셉을 짜는 것이 중요합니다.

최근 유행을 읽기

요즘 유행하는 드라마, 광고, 예능, 영화, 캐릭터 중 최근 우리 학교 친구들에게 가장 인지도 있는 것을 골라 컨셉을 잡는 것이 좋습니다.

예를 들어 '런닝맨의 유재석 같은 회장', '어벤져스의 캡틴 아메리카 같은 회장'. '미니언즈 같은 회장'등 아이들이 "아~기호 1번 ○○회장!" 하고 바로 연상할 수 있게 캐릭터를 잡아 주면 더 설명이 필요 없겠죠?

유행어를 섞어 톡톡 튀는 원고 만들기

이제 모든 작업은 끝났습니다. 마지막으로 컨셉과 공약을 잘 버무려 원고만 완성하면 끝이겠죠? 내가 잡은 컨셉을 기준으로 최근 유행하는 유행어나 퍼포먼스를 넣어 톡톡 튀는 원고를 만들어 주면 재미도 잡고, 톡톡 튀는 원고도 완성할 수 있겠죠? 그럼 우리 친구들이 좀 더 쉽게 원고를 쓸 수 있도록 원고 작성 기본 틀을 살펴볼까요?

〈회장선거 원고 작성 기본 틀〉 안녕하세요. 기호 1번 ***입니다. 저는 ○○○같은 회장이 되겠습니다. 첫째 ○○○처럼 ~한 회장이 되겠습니다. 둘째 ○○○처럼 ~한 회장이 되겠습니다. 셋째 ○○○처럼 ~한 회장이 되겠습니다. 여러분을 위해 최선을 다 할 저! 기호 0번 *! *!*! 꼭 뽑아주세요. 감사합니다.

이 틀에 맞추어 내 공약을 짧고 임팩트 있는 문장으로 설명하면 나만의 맞춤형 회장 선거 원고가 쉽게 완성 될 것입니다. 그럼 회장 원고 작성 틀에 맞추어 작성된 예시 원고를 함께 읽어 볼까요?

안녕하세요. 기호 1번 ***입니다.

저는 무한도전 같은 회장이 되겠습니다.

무한도전은 매일 새로운 도전으로 우리를 즐겁게 하는 데요.

저도 우리 반/학교를 매일 새로운 즐거움으로 가득한 반/학교를 만들겠습니다.

첫째, 우정 무한도전!

저는 우리 반/학교 친구들이 모두 하나 될 수 있도록 우정 건의함을 만들겠습니다. 친구 사이에 속상한 일, 고마운 일, 미안한 일을 우정 건의함에 넣어 서로 교환하면 우리 ○반/○○학교에는 싸움, 왕따 절대 없지 말입니다.

둘째, 재미 무한도전!

저는 우리 반/학교가 즐거울 수 있도록 게임데이를 건의하겠습니다. 1년에 하루 우리가 원하는 게임을 하면 스트레스는 NO~NO! 재미는 YES~!가 될 것입니다.

셋째 체력 무한도전!

저는 우리 반/학교 친구들이 건강할 수 있도록 스포츠대항전을 건의 하겠습니다. 스포츠 대항전을 하면 우리 ○반/○○학교 친구들이 건강도 UP! 기분도 UP! 될 것 입니다.

여러분 제 공약 어떠셨나요? 제 공약이 마음에 드신다면 저와 함께 우리 ○○초의 행복을 위한 무한도전을 같이 외쳐주시겠습니까? 하나, 둘, 셋 무한~도전!

우리 학교 행복 무한 도전! 기호 1번 ***입니다.

(4) 회장선거 백전백승 전략 4단계 _ 연습 또 연습!

평소에 우리 아이들은 많은 친구들 앞에서 발표할 일이 많지 않습니다. 게다가 회장선거란 내가 준비한 원고를 친구들에게 평가 받는 자리이기 때문에 더 긴장되고 떨릴 수 밖에 없지요. 이렇게 긴장을 하게 되면 머릿속 원고들이 뒤죽박죽되거나, 머릿속이 하얘질 수 있습니다. 그렇기 때문에 완벽하게 연설을 마치기 위해서는 연습! 또 연습을 해야 합니다.

회장선거 연습 1단계 _ 거울보고 연습

거울보고 연습하는 사진

회장선거는 줄줄줄 원고를 외워서 말하는 것도 중요하지만, 시각적인 부분도 굉장히 많은 부분을 차지합니다. 그렇기 때문에 거울을 보고 연습하는 것이 효과적인데요. 연설을 할 때 내 표정이 어떤지 내 제스처가 어색하지 않은지를 체크하며 연습하는 것이 중요합니다.

회장선거 연습 2단계 _ 방마다 이동하며 장소적응 훈련

일단 원고가 다 외워졌고, 제스처 연습 또한 어느 정도 되었다면, 장소 적응 훈련을 해야 합니다. 한 장소에서 계속 연습을 하는 경우 다른 장소에 갔을 때 당황하게 되어 머리가 하얘질 수 있기 때문이죠. 그럼 이제부터는 방마다 돌아다니며 연습을 해봅시다.

회장선거 연습 3단계 _ 가족 앞에서 연습

다른 사람 앞에서 연습하는 사진

장소적응 훈련이 끝났다면 이제 사람들 앞에서 연습해 보아야 합니다. 듣는 친구들은 움직이는 사람이기 때문에 언제 어떤 돌발 행동을 할지 모릅니다. 그래서 사람들 앞에서도 연습이 꼭 필요한 것이죠. 무대 경험이 많지 않은 아이들의 경우 친구들이 갑자기 웃거나, 물건을 줍기 위해 몸을 숙이기만 해도 집중력이 흐트러져 원고를 잊어버리는 경우가 많기 때문에 가족 앞에서 연습하는 것이 꼭 필요합니다.

회장선거 연습 4단계 _ 동영상 촬영

동영상 촬영 후 모니터링 하는 모습 사진

3단계까지 완성이 됐다면 마지막으로 동영상 촬영을 합니다. 나의 목소리 톤이나 제스처 중 어색한 곳은 없는지 원고 표현에 있어 부족한 점은 없는지 스스로 체크하며 연습하는 것이 중요합니다. '백문이 불여일견'이라는 말이 있듯 주변 사람이 자신의 부족한 것을 지적해 주는 것보다 본인 스스로 부족한 부분을 보고 고쳐나갈 경우, 훨씬 빠르고 즉각적인 교정이 가능합니다.

회장선거 백전백승 전략 잘 보셨나요? 이대로만 따라 하면 이번 회장선거 문제없겠죠? 회장선거에서 중요한 것은 당선이 아닙니다. 무엇보다 중요한 것은 우리 아이가 한 가지 목표를 위해 열심히 노력했다는 점과 어떤 일에 도전했다는 용기입니다. 아이가 회장선거를 연습할 때 '꼭 당선 될 거야.'라고 이야기하기 보다는 '열심히 노력하는 모습이 정말 멋지다.'라고 응원해주시는 것이 어떨까요?

게임으로 배우는 발음교정

웅얼웅얼, 우물우물 말하는
우리 아이를 위한 스피치 비법

"우리 아이는 말할 때 웅얼웅얼 말해서 무슨 말을 하는지 못 알아듣겠어요."
"이제 초등학생인데 아직도 혀 짧은 소리를 내고, 아기 발음을 해요."

아이가 우물우물 발음 하거나, '떼떼떼' 하는 혀 짧은 소리를 낸다면 우리 아이의 발음을 한 번 체크해 볼 필요가 있습니다. 모든 교육에는 적기라는 것이 있고, 그것을 놓치면 적기의 두, 세배의 노력이 있어야만 그 만큼의 효과를 볼 수 있기 때문입니다. 특히, 발음의 경우 한 번 굳어지면 쉽게 바꾸기가 어려운데요. 그래서 어른보다 아이들의 발음 교정이 더 빠르고, 효과적입니다. 하지만 대부분의 부모님들은 '아직 어려서 그렇겠지. 좀 크면 나아질 거야.' 라고 생각하시며 적기를 놓치기 십상입니다.

그럼 발음 교정의 적기를 놓치지 않기 위해 연령별 발음 완성시기를 알아볼까요?

발음 완성 연령	발음
만 2세	ㅍ, ㅁ, ㅇ
만 3세	ㅂ, ㅃ, ㄸ, ㅌ
만 4세	ㄴ, ㄲ, ㄷ
만 5세	ㄱ, ㅋ, ㅈ, ㅉ, ㄹ
만 6세	ㅅ

즉, 만 6세에는 모든 발음이 완성된다고 볼 수 있습니다. 우리 아이가 만 6세를 넘었는데도 불구하고, 발음이 부정확하다면 전문기관에서 평가를 받고, 그에 맞는 훈련을 받아야 제대로 교정이 가능할 것입니다.

우리 아이 부정확한 발음의 원인

발음 문제의 원인은 크게 기능적인 조음장애와 기질적인 조음장애로 나뉩니다. 기능적인 조음장애는 혀나 구강구조의 결함은 없으나 발음이 습득될 시기에 제대로 된 발음을 습득하지 못해 정확한 혀의 위치와 입모양에 대한 지식 및 경험이 부족하여 생긴 발음장애입니다. 최근 아이들이 미디어나 스마트폰에 일찍 노출되면서 부모와 커뮤니케이션 하는 시간 보다 미디어나 스마트폰을 보는 시간이 더 많다고 합니다. 그러다 보니 엄마와 소통하며 엄마의 입모양과 혀의 위치를 모방하며 발음을 익혀야 할 우리 아이가 본인의 청력에 의존해 비슷한 소리가 나는 혀의 위치를 찾아 발음하게 되는 것입니다. 그렇다 보니 'ㅅ'을 'th'로 발음하기도 하고, 'ㄹ' 발음이 'R'처럼 발음되는 등 발음의 오류가 생기는 것이죠. 또한 발음이 완성되는 영·유아시기에 맞벌이를 하는 부부가 많아지면서 아이와 대화하는 시간이 없는 경우나 부모의 발음에 문제가 있는 경우에도 이와 비슷한 발음의 오류가 생깁니다.

다음으로 기질적인 조음장애는 신체적, 생리적 결함으로 조음에 오류를 보이는 경우인데요. 이런 경우 혀가 짧거나 구순구개파열 등 다양한 원인이 있을 수 있으니 이 경우에는 전문가의 진단과 솔루션이 필요합니다. 또, 혹여 앞서 말한 기질적인 원인을 제거 했더라도 그 전의 발음이 습관화되어 고착된 경우가 많으므로 원인을 제거한 후에도 정확한 발음을 위해서는 혀의 위치나 입 모양을 제대로 교정하는 교육이 필요합니다.

그렇다면 우리 아이의 발음에 문제가 있는지 함께 체크해 볼까요?

〈우리 아이 발음 체크리스트〉

번호	질문	그렇다.	그렇지 않다.
1	아이가 말을 하면 잘 못 알아들어서 되묻는 경우가 많다.		
2	입을 거의 벌리지 않고 이야기한다.		
3	우리 아이는 아이처럼 말한다.		
4	'사슴', '했어요.' 등을 발음할 때 'ㅅ' 발음이 새거나 이 사이로 혀가 나오는 'th'발음이 난다.		
5	'노루', '나라' 발음 시 'ㄴ'과 'ㄹ' 발음이 거의 구분되지 않는다.		
6	'ㄹ' 발음이 'R' 발음처럼 들린다.		
7	말을 할 때 침이 많이 고인다.		
8	'의사', '예의', '과자' 등의 발음이 '으사', '에의', '가자' 등으로 들린다.		
9	'자동차', '가지', '여자'의 발음이 '댜동탸', '다지', '여다' 등의 발음으로 들린다.		
10	받침 발음이 정확하지 않다.		

	결과
2개 이하	나쁘지 않아요. 매일 1분씩 소리 내어 또박또박 책 읽기 연습을 추천합니다.
3~6개	책에 나와 있는 발음 훈련을 꾸준히 해 보아요.
7개 이상	전문가의 진단과 솔루션으로 체계적인 발음 연습이 필요한 상태입니다.

체크리스트에서 아이가 입을 많이 벌려 발음하지 않아 웅얼거리는 발음의 경우, 즉, 모음 발음의 문제는 이 책에 있는 입 모양 교정 방법과 게임을 통한 발음 교정으로 충분히 효과를 볼 수 있습니다. 하지만 'ㅅ'이나 'ㄹ' 같은 자음 발음의 경우 확실한 진단이 필요합니다. 아이가 혀의 위치를 몰라서 그러는 경우도 있고, 구강구조의 문제일 수도 있기 때문입니다. 만약 아이에게 문장을 읽히며 발음 테스트를 한다면 우리 아이가 정확히 어떤 발음이 안 되는 지를 꼭 체크해 보는 것이 중요합니다.

우물우물, 웅얼웅얼 대는
우리 아이를 위한 입 모양 교정

우리 아이가 우물우물 이야기 하고, 웅얼웅얼 이야기한다면 가장 먼저 교정해야 할 것이 바로 모음입니다. 모음은 우리가 발음을 할 때 입모양을 결정하는 'ㅏ, ㅓ, ㅗ, ㅜ, ㅡ, ㅣ' 등의 발음을 말하는데요. 모음이 제대로 발음되지 않는 아이의 경우 모음의 입모양을 제대로 알지 못해 그런 경우가 많습니다. 그럼 지금부터 입 모양 교정을 함께 공부해 볼까요?

(1) 발음 준비 운동

얼마 전 한 TV프로그램에서 한 아나운서가 발음이 엉켜 "제 생각에는 무뎌진 것 같아요."를 "제 생각에 무전인거 같아요."로 발음해 패널들이 한바탕 웃었던 것을 본 적이 있습니다. 수영을 할 때 준비운동이 필요하듯 발음을 할 때도 준비 운동이 필요합니다. 원숭이도 나무에서 떨어진다는 말이 있듯이 숙련된 아나운서도 제대로 발음 준비운동을 하지 않으면 이렇게 발음이 뭉개질 수 있습니다.

제대로 된 발음 연습을 위해 먼저 입 근육을 풀어 볼까요?

입 근육 풀기

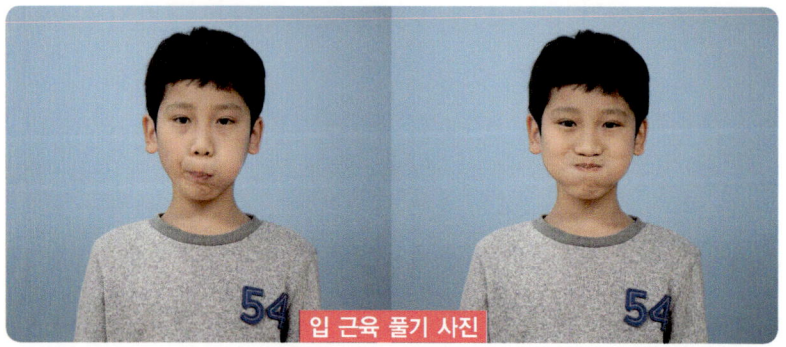

입 근육 풀기 사진

1단계 : 입에 바람 넣기
2단계 : 상하좌우로 바람 돌리기
3단계 : 바람으로 가글한 후 "푸~" 하며 바람 내뱉기

혀 근육 풀기

혀 근육 풀기 사진

1단계: 혀를 쭈욱 앞으로 내민다.
2단계: 혀를 쭈욱 내밀어 코에 닿을 때까지 위로 올린다.
3단계: 혀를 오른쪽 왼쪽으로 굴리며 잘근잘근 씹어준다.

(2) 발음 교정 연습

바른 입모양 알기

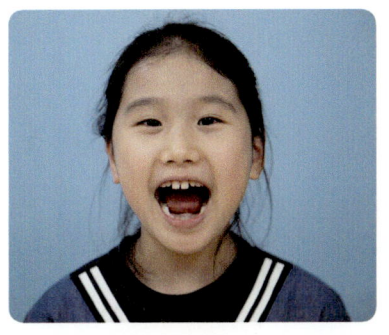

'아'의 입모양은 손가락 세 개를 세로로 넣었을 때 들어갈 만큼 입을 벌려야 한다.

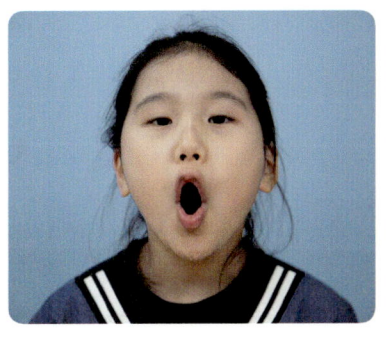

'어'의 입모양은 턱을 위 아래로 내려 타원형이 되게 입모양을 만든다.

'오'의 입모양은 입으로 작은 동그라미를 만든다.

'우'는 입을 앞으로 쭉 내밀어 뽀뽀하는 듯한 입모양을 만든다.

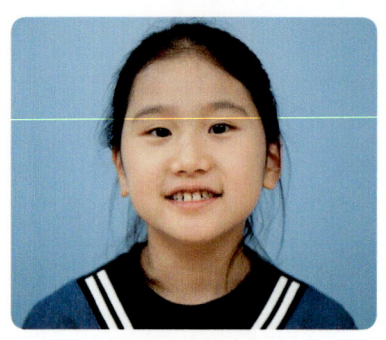

'으'는 입을 옆으로 벌리고 양 입 꼬리를 아래로 내린다.

'이'는 입을 옆으로 벌리고 양 입 꼬리를 위로 올린다.

아이가 우물우물 웅얼웅얼 이야기 하면 대부분의 부모님들은 "크게 좀 말해.", "무슨 소리야?", "입 좀 벌리고 말해!" 하고 다그치시는 경우가 많은데요. 현재 본인의 발음 상태와 교정 방법을 모른 채 부모로부터 부정적인 피드백을 지속적으로 받으면 아이가 말문을 닫게 될 수도 있으니 아이와 위의 방법대로 차근차근 연습하는 것을 추천합니다.

(3) 녹음을 이용한 발성연습

아이들은 자신이 말하는 소리나 발음을 직접 듣지 못합니다. 그렇기 때문에 자신의 발음에 어떤 부분이 어떻게 잘못되었는지 알기가 어렵습니다. 이럴 때 가장 효과적인 방법이 아이의 발음을 녹음하는 것입니다. 아이의 발음을 녹음해서 들려주면 아이 스스로 어떤 부분이 어떻게 잘못 되었는지 느낄 수 있음은 물론, 발음 교정 전과 후의 차이를 비교할 수 있어 좋습니다. 그럼 아래 원고를 읽고 아이의 목소리를 녹음해 볼까요?

> 소연이는 오늘도 학교에서 엄청 속이 상했습니다. 왜냐하면 친구들이 소연이를 "어버버"라고 또 놀렸기 때문입니다. 소연이는 평소에 목소리가 작고, 입을 거의 벌리지 않고 말을 해서 친구들이 소연이의 말을 못 알아듣는 경우가 많은데요. 그렇다 보니 친구들이 발음이 좋지 않은 소연이를 "어버버"라고 놀리는 일이 많아지고, 소연이는 매번 그럴 때 마다 속이 상합니다. 소연이가 어떻게 하면 또박또박 말할 수 있을까요?

먼저, 아이의 발음을 녹음합니다. 그리고 아이와 원고를 보며 발음이 부정확한 부분을 체크해 봅니다. 그러면 우리 아이가 주로 어떤 발음이 잘 안 되는지 그 원인이 무엇인지 찾을 수 있답니다.

〈증상별 발음 체크〉

Q1. 아이가 발음을 할 때 우물우물 거린다면?

솔루션 1) 거울 발음 교정

아이가 전반적으로 우물거리는 발음을 한다면 거울 발음 교정을 추천합니다.

거울 발음 교정 사진

원고를 거울에 붙여주고, 거울을 보며 입모양을 체크하면서 글 읽는 연습을 하면 자연스러운 모음 교정이 가능합니다.

솔루션 2) 젓가락 발음 교정

오래 전부터 발음 교정하면 기본이 되는 연습법이 '젓가락 발음 교정'이었습니다. 실제로 아나운서실에 가면 많은 아나운서들이 아직도 볼펜을 문 채로 발음연습 하는 것을 볼 수 있습니다. 젓가락 발음 교정은 가장 원시적이긴 하지만 가장 단기에 효과를 볼 수 있는 발음 교정법 중 하나입니다. 하지만 단기에 효과를 볼 수 있는 만큼 그 효과가 지속되는 시간이 짧기 때문에 매일 조금씩 꾸준히 연습해야 한다는 사실을 잊지 마세요.

Q2. 아이가 입을 안 벌린다면?

세로로 물기 사진

이렇게 젓가락을 세로로 양쪽에 물면 자연스럽게 턱이 벌어져 입을 벌릴 수가 있고, 젓가락을 뺐을 때 즉각적으로 모음이 교정된 것 같은 발음 효과를 볼 수 있습니다.

Q3. 아이 혀가 둔하다면?

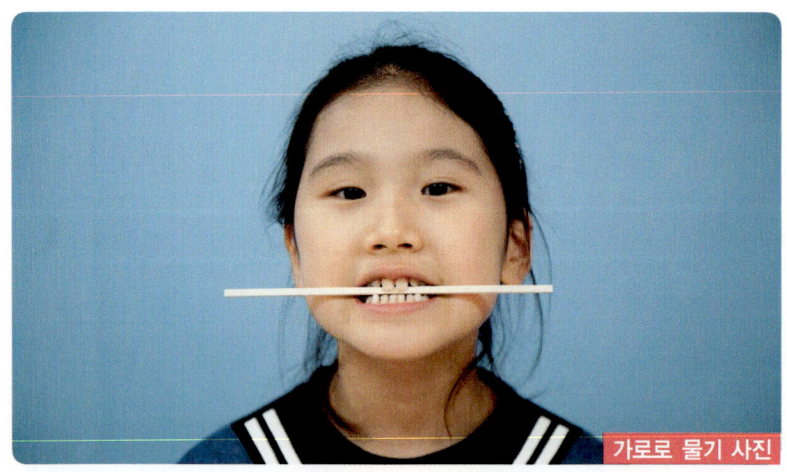

가로로 물기 사진

　가로로 젓가락을 물었을 때는 그림처럼 앞니를 기준으로 네 번째 이인 양쪽 작은 송곳니 부분으로 젓가락을 물어야 하는 것이 포인트 입니다. 젓가락을 가로로 무는 것은 혀의 움직임에 장애를 주어 혀를 부지런히 움직일 수 있도록 하는 효과가 있는데요. 예를 들어 달리기 선수가 훈련을 할 때 양쪽 발목에 모래주머니를 차고 연습하는 경우가 많습니다. 평소보다 큰 힘을 주어 달리는 연습을 한 후 모래주머니를 풀고 나면, 훨씬 가벼운 발놀림으로 달릴 수 있습니다. 이처럼 젓가락을 가로로 물어 발음 연습을 하는 것도 혀에 인위적인 불편함을 주어 혀를 더 부지런하게 하는 효과를 볼 수 있으며, 이후 젓가락을 빼면 즉각적인 발음 교정효과를 볼 수 있는 것입니다.

게임으로 배우는 재미있는 발음 교정

(1) 정확한 발음을 만들어 주는 '소리 없이 말해요.' 게임

센터에서 발음이 좋지 않은 친구들을 보면 발음이 형성되는 시기에 엄마의 입 모양을 제대로 관찰하지 못해서 그런 경우가 많습니다. 이런 친구들에게 효과적인 게임이 바로 '소리 없이 말해요.' 게임인데요. 소리를 내지 않고, 입 모양만으로 단어를 표시해 맞추는 게임입니다. 이 게임은 우리 아이가 모음 발음을 제대로 파악하고 있는지 알 수 있는 가장 쉬운 방법이기도 합니다. 그럼 우리 아이와 함께 '소리 없이 말해요.' 게임을 해 볼까요?

소리 없이 말해요. 게임 방법

1단계) 모음 변화가 많은 10개의 단어를 준비한다.
2단계) 한 단어를 골라 입 모양 만으로 설명하여 맞추게 한다.
3단계) 이번에는 순서를 바꿔 아이의 입모양을 보며 엄마가 맞춰본다.

처음 '소리 없이 말해요.' 게임을 할 때는 10개 정도의 단어만 준비하는 것이 적절합니다. 아이가 엄마의 입 모양을 관찰하는 것이 익숙하지 않은데 준비 된 단어가 너무 많으면 버거움을 느껴 시작부터 포기하게 될 수도 있기 때문이죠. 만약 아이가 10개의 단어로도 어려움을 느낀 다면 윗줄 5개, 아랫줄 5개로 단어를 나누어 "엄마가 힌트 줄게. 윗줄에서 찾아보자."라고 범위를 좁혀주면 좀 더 쉽게 단어를 찾게 되고, 흥미를 느낄 수 있을 것입니다.

(2) 또박또박한 발음을 완성해주는 '빨리 말해요.' 게임

아이들과 발음 교정을 하다 보면 일정 시간이 지난 후에는 발음의 정확한 입 모양과 혀의 위치를 인식하게 됩니다. 하지만 여전히 문장을 말하거나 평소 이야기할 때는 원래 발음으로 돌아가기가 쉽죠. 그럴 때 필요한 게임이 바로 "빨리 말해요." 게임입니다. 이 게임은 얼마나 문장을 정확한 발음으로 빠르게 읽어내느냐 하는 것이 관건인데요. 게임을 하면서 시간을 재고 점차 시간을 단축시키며 연습을 하면 효과적으로 발음 교정을 할 수 있습니다.

빨리 말해요. 게임 방법

간장공장 공장장은 간 공장장이고, 된장공장 공장장은 장 공장장이다.
경찰청 쇠창살 외철창살, 검찰청 쇠창살 쌍철창살. 한국관광공사 관진광 관광과장.
저기 계신 저 분이 법학박사이시고, 여기 계신 이 분이 백 법학 박사이시다.

1단계) 문장을 읽으며 시간을 측정합니다. 만약 읽으며 틀리는 부분이 있다면 다시 처음으로 돌아가서 문장을 읽습니다.

2단계) 점차 발음을 정확하게 하며 읽는 시간을 단축시켜 갑니다.

연습 할 때 아이가 발음하기 어려워하는 단어만으로 이루어진 문장을 제시하면, 아이가 쉽게 흥미를 잃을 수 있습니다. 그렇기 때문에 아이가 발음하기 쉬워하는 단어와 아이가 발음하기 어려워하는 단어를 섞어서 문장을 만들어 주면 더 효과적인 발음 연습이 가능합니다.

에필로그

지금까지 우리 아이의 자존감을 높이는 스피치 방법을 소개해드렸습니다.

2006년 어린이 교육 연구를 처음 시작할 때 36개월 아이를 만난 적이 있습니다. 어릴 때부터 책과 뒹굴며 18개월에 한글을 깨쳤고, 저와 만났을 때는 이미 책을 통해 과학, 역사, 위인 등 다양한 분야의 지식을 가지고 있었습니다.

이 친구는 제 추천으로 영재원 시험을 보게 됐고, 결국 영재로 판명이 났습니다.

그로부터 3년 후 우연히 길에서 이 친구를 다시 보게 됐는데요.

저는 이 친구를 보고, 깜짝 놀랐습니다.

제 상상 속, 자신이 알고 있는 지식을 하나라도 다른 사람들에게 알려주고 싶어 했던 해맑은 모습은 온데간데없고, 수험생이 지을 법한 표정으로 터덜터덜 길을 걷고 있는 모습이었기 때문입니다.

어머님과 이야기를 해 보니 집에서 가족들에게 항상 인정만 받던 아이가 유치원과 영재원을 다니며 그동안 한 번도 경험하지 못했던 지속적인 실패를 경험하게 된 것이 그 원인이었습니다.

이제 아이는 소아 우울증에 가까운 증세를 보이고 있었습니다.

그날부터 저는 심각한 고민에 빠졌고, '어떻게 하면 이 아이의 자존감과

epilogue

자신감을 끌어 올릴 수 있을까?'에 대한 연구를 시작했습니다.

그 결과 사람이 자신의 생각이나, 의견을 표현할 수 있는 유일한 수단인 '말'이라는 도구를 찾아냈고, '말'과 '자존감' 그리고 '말'과 '심리', '말과 사회성'의 관계에 대한 비밀을 알게 되었습니다.

저는 이 비밀을 다양한 커리큘럼으로 만들어 수많은 아이들과 수업을 진행했고 그 결과, 아이들의 자존감과 사회성 향상에 스피치가 큰 영향을 미칠 수 있다는 결론을 얻을 수 있었습니다.

현재 키즈스피치예소스에는 수십만 명의 아이들의 SCA테스트 기록과 그 결과에 따른 연구 자료들이 있습니다.

또, 예소스 어린이 교육 연구원들은 그 자료를 토대로 아이들의 자존감과 사회성을 향상시키기 위한 다양한 커리큘럼을 끊임없이 만들고 있습니다.

많은 친구들이 다양한 맞춤형 커리큘럼으로 자존감과 사회성 향상에 도움을 받고 있음은 물론, 방송이나 잡지에서도 많은 관심을 가지고, 키즈스피치예소스를 지켜봐 주고 계십니다.

앞으로 키즈스피치예소스는 자신감이 없고, 사회성이 부족해 어려움을 겪는 여러 아이들을 위해 끊임없이 연구할 것이며, 많은 부모님들이 믿어 주시는 만큼 우리 아이들의 성장을 위해 더 발전해 나갈 것입니다.

모든 아이들이 사회 속에 조화로운 리더로 성장하는 그날까지 키즈스피치예소스가 함께 동행할 것입니다.

왕관만들기
점선을 따라 가위로 오려보세요